齋藤 孝の天才伝 4

空海

人間の能力を最高に開花させる「マンダラ力」

大和書房

空海
天才の理由

空 海

Kukai

（*774—835*）

真言宗《しんごんしゅう》の開祖。「弘法大師《こうぼうだいし》」は諡号《しごう》（死後に贈られた名前）。
讃岐《さぬき》国（現在の香川県）に生まれる。
はじめ大学で学んだのち、山林修行に身を投じる。
804年に入唐、密教の正統な後継者となる。
帰国後は高野山を開創し、真言密教を国家仏教へと広めた。
文化・社会事業などにも多彩に活躍したマルチな天才。

天才の理由
その
1

日本オリジナル仏教の創始者！

空海が開いた真言密教は、インドから伝来した密教を軸に、儒教や道教とも比肩《ひけん》しうる体系を備えた新しい仏教。日本独自とされる鎌倉新仏教も、ルーツは空海にあります。

天才の理由 その2

詩や書も超一流の総合力！

密教の免《めん》許《きょ》皆《かい》伝《でん》をはじめ、空海が初めて成し遂げた偉業は、書や語学、学校の創設、自然科学などきわめて多彩。不可能とされたハードルを修行で突破していったんです。

天才の理由 その3

人間の潜在能力に着目

才能を全面開花させる方法を発見！

身体・言葉・意識をフル回転させる能力開発法が「三密《さんみつ》」。これで脳を活性化させると、思ってもみない潜在能力が爆発します。空海が実践した修行は、現代人にこそピッタリです。

7　空海　天才の理由

真言密教の開祖は、なぜ「天才」なのか？
独自の視点で鋭く切る！

空海　天才の理由

齋藤孝の
天才伝

第1章

能力開発の達人

空海の考え方

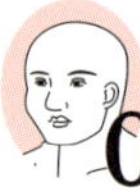

01

何も学ばなければ暗闇《くらやみ》のまま死す

この世界が始まってからずっと繰り返される生と死。この営《いとな》みの中から、世界の真実にたどり着き、魂の解放に至る道を、空海は探し続けました。

「生まれ生まれ生まれ生まれて生《しょう》の始めに暗く、死に死に死に死んで死の終りに冥《くら》し」

（「秘蔵宝鑰《ひぞうほうやく》」『空海コレクション1』宮坂宥勝訳注／ちくま学芸文庫）

何も学ぶことがなければ、真実の一かけらも得られず、暗闇から生まれ、また暗闇に帰っていってしまう。世界に学ぶべき事、学ぶ方法はあふれているのだから、学びの道へ入り、世界をつかみ取る旅を始めるべきだと言うのです。

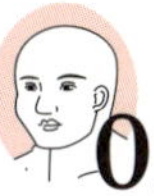
02

すべての人が救われない限り私は祈る

空海は、自ら開いた真言密教を、自分だけではなくすべての人は悟《さと》りの状態になれるという考え方をする大乗《だいじょう》仏教の完成形と位置づけています。すべての人を救いの道へ、という思いは、こんな言葉に表れています。

「虚空《こくう》尽き、衆生《しゅじょう》尽き、涅槃《ねはん》尽きなば、我が願いも尽きん」（「性霊集《せいれいしゅう》」『空海』宮坂宥勝／ちくま学芸文庫）

むなしい世界がなくなり、苦しむ人々がいなくなり、悟るということの必要がなくなるまで、自分のやるべきことはあるのだ、という大いなる決意表明です。

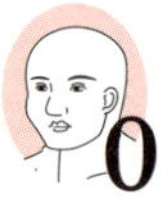

03

すべての人に学ぶ機会を

教育を受ける機会が平等に与えられるようになったのは日本でも明治時代以降です。空海は一二〇〇年前に、日本で初めて民間の、誰でも学ぶことができる学校をつくりました。

「貧賤《ひんせん》の子弟、津《しん》を問う所なく、遠坊《えんぼう》の好事《こうじ》、往還《おうかん》するに疲れ多し。今、この一院を建てて、普《あま》ねく、童蒙《どうもう》（学童）を済《すく》わんこと、また善《よ》からずや」（「性霊集補《ほ》闕《けつ》抄」『空海』）

身分の違いなく門戸《もんこ》を開き、仏教だけでなく、あらゆる学問を総合的に教えようとしました。空海は教育者として視野の広い、先見性《せんけんせい》のある人でした。

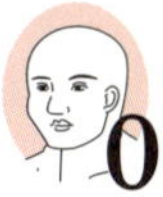

04 山野での修行で心身が開発される

空海が開いた高野山は当時の都である京都からかなり離れた、深山《しんざん》というにふさわしい場所でした。

「生死の対立を離れ、三つの迷いを超越し、四つの魔もの、無数の障碍《しょうげ》（さまたげ）も心配する必要はない。大空はがらんとして、仏陀《ぶっだ》の放つ光はあまねく輝きひっそりとして作為《さくい》のない生き方は楽しいではないか」（「遍照発揮性霊集補闕鈔」『平安のマルチ文化人　空海』頼富本宏／ＮＨＫライブラリー）

彼は世俗《せぞく》から離れ、雑音のないクリーンな気に満ちた自然の中で修行することが大事だと考えたのです。

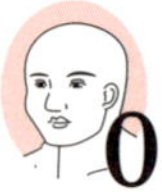

05

精神は宇宙を構成する根本要素である

世界を構成する根本は何でしょうか? 古代から世界中の哲学者・科学者・思想家がさまざまな説を展開してきました。その中で空海は、「地・水・火・風・空・識」の六つの要素を考えました。「識」とは人間の精神世界のことです。

「六大無礙《むげ》にして常に瑜伽《ゆが》なり」(「即身成仏頌《そくしんじょうぶつじゅ》」『空海』)

宇宙は障害がなければ、その六つの要素は常に解け合っているというのです。物質世界と精神世界は融合している、という考え方です。これは現代の最先端科学にも通じる世界観です。

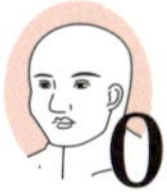

06 自分自身の中に大いなる知恵があることを知ろう

私たちは学ぶべきこと、やるべきことの多さに惑《まど》わされることがよくあります。でも自分自身の心を深く見つめると答えが見えてくるものです。

「もし自心を知るはすなわち仏心《ぶっしん》を知るなり。仏心を知るはすなわち衆生《しゅじょう》の心を知るなり。三心平等なりを知るをすなわち大覚《だいかく》と名づく」（「性霊集」『空海』）

仏教においても、仏の心はどこか遠い所にあるのではなく、自分の心を知ることが仏の心を知ることであり、仏の心を知ることは世間一般の人の心を知ることだ、空海は言っています。

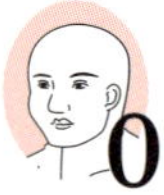

07

最高のものを学びたい

空海は最初は儒教《じゅきょう》を学びますが、最終的には仏教を選びます。それは仏教が儒教を超える大きな視点を持っているからだと論理的に述べています。

「鋼常《こうしょう》は孔《こう》に因《よ》って述ぶ　受け習って槐林《かいりん》に入る。変転は聃公《たんこう》が授け　依《よ》り伝えて道観に臨む。金仙一乗《きんせんいちじょう》の法　義益《ぎやく》最も幽深《ゆうしん》なり」（『三教指帰』福永光司訳／中公クラシックス）

孔とは孔子、聃公は老子、金仙一乗の法とは仏教のことです。孔子は倫理を教え、老子は無為自然《むいしぜん》の道（タオ）を説《と》いたが、仏教の教えが最も奥深いというのです。仏教の世界観では、人間以外の動物の救いまで視野に入れられているところが、空海の琴線《きんせん》に触れたのです。

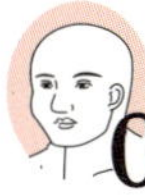

08

文だけからではなく、身体で学べ！

空海は、ものごとを学ぶにあたって、自分の身体を使った修行、師からの直接の伝授を大切にしました。

「文は是《こ》れ糟粕《そうはく》、文は是《こ》れ瓦礫《がれき》なり。糟粕瓦礫を受くれば則《すなわ》ち粋実《すいじつ》至実《しじつ》を失う」

（「続遍照発揮性霊集補闕抄」『図解雑学　空海』頼富本宏監修／ナツメ社）

ちょっと表現は極端ですが文章は酒粕《さけかす》や瓦礫《がれき》のようなもの、そこからだけ学ぼうとすれば道を誤る、というのです。もちろん空海は本から多くが学べることを知っていますが、ただそれだけで、実体験なく机上《きじょう》の空論に走っては真実はつかめないと言っているのです。

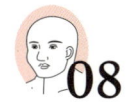

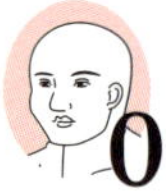

09

道を求める心がすべてを決する

科学や法律もそうですが、物事がよいものとなるか、悪いものとなるかは結局それを使う人によります。それと同様に、人生を決するのは、結局その人が求める道によります。

「物の興廃《こうはい》は必ず人に由《よ》る。人の消沈《しょうちん》は定めて道にあり」（「性霊集補闕抄」『空海』）

その選んだ道が間違っていては何にもなりません。空海は人生を決する進むべき道を選ぶ重要性を説いているのです。

第2章

やることなすこと天才を極めた これが空海の世界だ!

空海の世界

金剛界灌頂
↓
胎蔵灌頂
↓
伝法灌頂
↓
空海阿闍梨《あじゃり》誕生！

曼荼羅
密教はビジュアルも
重要な要素

大日如来
宇宙の根源であり、
密教の中心仏

著作

「三教指帰《さんごうしいき》」
（儒教・道教・仏教の優劣を論じた比較研究）
「弁顕密二教論《べんけんみつにきょうろん》」
（密教と顕教を対比させて密教の優位性を説く）
「秘密曼荼羅十住心論《ひみつまんだらじゅうじゅうしんろん》」「秘蔵宝鑰《ひぞうほうやく》」など多数

書　**書体を自由自在に操る天才書家**

語学　**超人的な語学力**
唐語は入唐前に完全マスター
サンスクリット（梵語《ぼんご》）完全制覇！

詩　**漢文学史上最高峰と称される詩人**

口密《くみつ》
口で真言《マントラ》を唱え続けて
大日如来と一体になる

身密《しんみつ》
手に印を結んで
宇宙の活動を表す

意密《いみつ》
瞑想によって大日如来と
一体になる

人間の潜在能力を
発揮させる
密教のチカラ
三密

遣唐使 **群を抜く外交力**
ライバル **最澄**
終生の友 **橘逸勢**

最澄

運命の師
恵果阿闍梨との出会い

山林修行
若い頃に山林で修行した経験が、
のちに山岳仏教へと発展

教育 日本初、庶民に開かれた
総合教育機関・**綜芸種智院《しゅげいしゅちいん》**設立

医学 嵯峨天皇へ薬を献上
空海が始めたとされる薬「陀羅尼助《だらにすけ》」

自然科学 現代でも通用する**満濃池**修復工事
地質学にも精通
墨や石炭、石油の
使用法を伝えたという話も…

高野山御廟《ごびょう》
空海はいまも生きている
という伝説を残す

高野山 **権力者からの支持**
鳥羽上皇、後白河上皇、
上杉謙信、豊臣秀吉、徳川家……
四国遍路
弘法大師とともに四国
八十八カ所を歩く修行の旅

東寺 **密教のショールーム**

高野聖 **全国各地に空海伝説を広める**

修行時代

天才・空海の生きるスタイル

修行もコネも実力のうち

空海といえば**「お大師《だいし》様」**。四国遍路《へんろ》をはじめ、川崎大師や西新井大師など、今も地域に密着した信仰対象として、日本人の心の中にいます。

彼の活動は宗教だけではなくて、**詩**[*1]や**書**[*2]、**美術**[*3]などの文化一般、**教育、建築土木、医学**など、もう何でもあり。しかも俗説《ぞくせつ》では、いろは歌をつくり、温泉を発見。せんべいや麺《めん》類、漢方薬、石炭、石油、炭の使用方法まで中国から輸入したと言われています。つまり日本文化の基礎をつくった人間なんです。これらの真偽《しんぎ》はともかく「空海ならやりかねない」と思わせるところが、天才の証《あかし》です。

空海は奈良時代の終わり、七七四年に現在の香川県で生まれました。幼名は真魚《まお》。父は地方豪族の佐伯直《さえきのあたい》田公《たきみ》、母は阿刀《あと》氏の娘です。おじの阿刀大足《おおたり》は、桓武天皇[*4]の皇子・伊予親王《いよしんのう》の家庭教師を務めるインテリで、空海も早くから彼に儒教[*5]を学びました。

＊1　日本の漢文学史上最高といわれる空海の詩。対句を使ったリズミカルな四六騈儷体（しろくべんれいたい）や、ことば遊びの要素もある離合詩（りごうし）が残っている。

＊2　飛白体（ひはくたい）などあらゆる書体を用いたが、空海の独自の破体書と呼ばれるスタイルを生み出し、現在も大師流として伝えられている。

＊3　密教の世界は、文字だけでなく独自の美術によって視覚的にも表現される。とくに曼荼羅（まんだら）はよく知られている。

一七歳のとき、日本で唯一の大学[*6]に入学します。ここは国家の高級官僚を育成する超エリートコース。就学年齢をオーバーした、ポッと出の空海が入学できたのは、きっとおじさんのコネでしょう。ところが、**ひとりの修行僧との出会いをきっかけに、彼は大学をドロップアウト**してしまいます。その修行僧が空海に、密教の真言《マントラ》を一〇〇万遍唱えるとあらゆる教典が理解できるぞ、とささやいたんです。すると空海は「これぞ私の進む道！」と確信してしまう。出世コースを捨てて、自分で選んだ道を突き進むことに決めたんです。

それからは四国各地を転々として、命がけの修行に励みます。二三歳のときには初の著書『三教指帰《さんごうしいき》』を執筆。これは戯曲《ぎきょく》仕立ての仏教論ですが、せっかくの出世コースを捨てた「弁明の書」でもあります。

つぎに空海がヒノキ舞台に登場するのは、七年後の八〇四年。留学僧《るがくそう》として遣唐使のメンバーになったときのことです。その間、いつ彼が正式な僧となったのか、どうやって遣唐使に抜擢《ばってき》されたのかは謎のままです。

ともあれ空海は、当時の世界文化の中心・唐[*7]での体験を契機《けいき》として、世《よ》

＊4　**桓武天皇**（七三七－八〇六）光仁天皇の第一皇子。坂上田村麻呂を征夷大将軍として東北に派遣し、七九四年には都を平安京へ移した。

＊5　孔子が説いた教え。仁義礼智信の徳を養うことを強調する。

＊6　**大学**　大学寮の略。律令制下のエリート養成機関で、五位以上の貴族の子弟を対象に、明経、算道など四道を教えた。

＊7　七～一〇世紀に栄えた中国の王朝。律令制が完備し、世界でも最高の文明・文化が結集していた。

捨人《すてびと》のような修行僧から**加持祈祷《かじきとう》によって朝廷をも動かす日本宗教界最大の実力者**へと、大きく変身します。ここまでの半生を見ても、自分の信じる道を自分で切り開くための修行は、もちろんたっぷりこなしながら、コネまでも駆使《くし》して自己実現に努める天才の姿が浮かんできます。

先輩・最澄も踏み台にして
留学二年で朝廷のヒーローに

空海が乗船した遣唐使のメンバーには、「三筆」[*8]として有名な橘逸勢《たちばなのはやなり》や天台宗の開祖・最澄[*9]がいました。最澄は空海よりひと足早く帰国して、日本にはじめて本格的な密教を伝えます。しかし空海が留学中に身につけた密教こそ、本家本元。後に二人のあいだには確執《かくしつ》が生じます。

入唐した空海が師事《しじ》したのは、唐の皇帝から国師《こくし》と仰がれた青竜寺の恵

＊8　三筆（さんぴつ）
ここでは平安初期の書に秀でた三人を指し、空海、嵯峨天皇、橘逸勢のこと。

＊9　**最澄**（七六七－八二二）
天台宗の開祖で、比叡山延暦寺を開創した。法華一乗を信仰し、空海のライバルとなった。はじめて大師号をたま

果でした。[10]用意周到《しゅうとう》に梵語《ぼんご》（サンスクリット）をマスターしておいた空海は、あっという間に密教の正統である胎蔵灌頂《たいぞうかんじょう》と金剛界灌頂《こんごうかい》を授かり、つづく伝法灌頂《でんぼう》では阿闍梨《あじゃり》という最高の地位に上りつめます。そしてこのイベン[11]トの直後に師の恵果が亡くなると、**二〇年の留学期間をわずか二年で打ちきって帰国**してしまうのです。

このとき空海が唐から持ち帰った膨大《ぼうだい》な教典や仏具の価値を認めたのが、七歳年長の最澄です。唐からの帰国後、僧として名実ともにトップの座にあった最澄は、後輩格の空海に弟子の礼を尽くして貴重書の閲覧《えつらん》を頼み、密教の灌頂まで受けたのでした。

しかしこの交流は長続きしませんでした。密教の位置づけに対する認識の違いや、最澄の弟子が空海の許《もと》へ走るといった出来事が重なり、二人の関係は途絶《とだ》えます。

とはいえ、最澄とのやりとりは、無名の帰朝僧《きちょうそう》を権威づけるには格好《かっこう》の材料となりました。空海の名前は、勇躍《ゆうやく》、朝廷のスターダムへとのし上がります。八一〇年に「薬子《くすこ》の乱」[12]が起こったときには国のために祈りを奉

わり、伝教大師と呼ばれる。

＊10 恵果（けいか 七四六－八〇五）
唐の僧侶。真言密教第八祖のうち、第七にあたる。不空三蔵の弟子。長安の青竜寺を拠点として門弟は千人を超え、皇帝から「国師」とまで仰がれた。

＊11 インドの国王即位の儀式に即して挙行される、密教最高の儀式。これを授かると、弟子を取ることができる阿闍梨となる。

＊12 薬子の乱
平城上皇の愛人だった藤原薬子が兄・藤原仲成と共謀して、上皇の復権を企んだ事件。嵯峨天皇派によって仲成の処刑、薬子の自殺によって収束した。

げることを願い出て、嵯峨《さが》天皇*13との交流も活発化。権力者たちの庇護《ひご》もフル活用して、手際よく自らの真言密教を普及させていったのです。

八一七年には、密教の道場とするために**高野山**を開創《かいそう》します。そこは紀州の山中で、空海が青年時代に修行した思い出の地でした。いっぽう京の都には密教のショールーム・東寺を建設します。これらを拠点としながら、『弁顕密二教論《べんけんみつにきょうろん》』*14『秘密曼陀羅十住心論《ひみつまんだらじゅうじゅうしんろん》』*15といった多くの著作を書き、真言密教の理論化にも努めたのでした。

密教世界の先駆者
現代に生きる天才の魂

晩年の空海は、密教の普及者としての役割にとどまらず、社会事業でもめざましい業績をあげています。出生地に近い満濃池《まんのういけ》修築工事の現場監督となったときには、「百姓《ひゃくせい》、恋慕《れんぼ》すること父母《ぶも》のごとし」と歴史書に記されたとおり、民衆に愛される実践派文化人として活躍をしました。

*13 **嵯峨天皇**（七八六－八四二）桓武天皇の皇子。漢詩文に優れた才能をあらわし、『凌雲集』などを編纂させた。パトロンとして空海を庇護した。

*14 顕教と密教を対比して、密教の優れている点をあきらかにした空海の著作。

*15 人間の発達段階を十に分類し、それぞれに該当する宗教をあてはめて批判した空海思想の集大成。

また権力者の助力もあって、庶民にも開かれた学校**「綜芸種智院《しゅげいしゅちいん》」**を開校します。この学校の特色は、**(1)貧富に関係なく入学できる(2)儒教・道教も含めた総合教育(3)授業料なしの完全給付制**という三点に尽きます。現代的な教育理念を先取りした、世界的に見ても画期的な試みだったのです。

こうして空海の歩みを時系列《じけいれつ》でたどっていくと、密教世界を現実の世界でつくりあげようとした、壮大なスケールに圧倒されます。さまざまな伝説が語り継がれているのにも、ちゃんとした理由があるんですね。

空海が留学の任期を無視して唐から帰国したとき、朝廷からの懲罰《ちょうばつ》は必至でした。今から振り返っても、この帰国はまさに奇跡です。というのも、つぎの遣唐使が派遣されたのは、三〇年以上も後の八三八年。有名な阿倍仲麻呂[*16]のように日本へ帰国できずに、唐で没していたかもしれなかった。

そしてもう一つ。空海の留学中に全盛を誇った長安の青竜寺は、八四五年の廃仏令《はいぶつれい》によって破壊され、一一世紀には跡形《あとかた》もなくなってしまいます。インドに発した密教の正統は、空海によって日本で命脈《めいみゃく》を保つことができ

*16 **阿倍仲麻呂**(六九八－七七〇)
奈良時代の貴族。遣唐使として留学するが、海難のために五〇余年唐にとどまり、ついに帰国できないまま長安で没した。「天の原ふりさけ見れば春日なる三笠の山に出でし月かも」という歌でも知られる。

たのです。これはもう、運というより奇跡ですよね。さすが空海。拍手！です。

空海は、若いころの修行によって判断力や行動力を身につけます。**真言密教の奥義《おうぎ》「三密《さんみつ》」**によって、それを生活の中に生かす実践的な方法を発明しました。こうしてひたすらに自分というものを追求し続けることによって、真言密教による新しい世界を打ち立てることができたんです。

空海は八三五年に高野山で没しますが、今も死なずに生きているという「入定伝説《にゅうじょうでんせつ》」が根強く語り継がれています。二一世紀になっても「マルチ文化人」「モダニスト」として宗教の枠を超えて甦《よみがえ》るのは、このような空海の生き方に、現代を生き抜くためのさまざまなヒントがあふれているからなんです。

では第3章で、彼の実践と能力開発方法にスポットをあてて、くわしく検証してみましょう。

第3章

多彩な能力はこうして開発された
空海の激烈！　修行人生絵巻

0歳　774

空海誕生、幼名は真魚《まお》。

讃岐《さぬき》国（現在の香川県）に、父佐伯氏、母阿刀氏の三男として生まれる。
母方のおじ・阿刀大足に論語などを学ぶ。

！本年譜では満年齢を用いています。

17歳　791

大学明経《みょうきょう》科《か》に入学。

19歳　793

大学をドロップアウト。修行僧となる。

虚空蔵求聞持法《こくうぞうぐもんじほう》を知り、四国を中心に厳しい山岳修行に励む。

23歳　797

初の著作『三教指帰《さんごうしいき》』を執筆する。この後、七年間のくわしい足取りは不明だが、激しい修行の果てに出家得度《しゅっけとくど》し、空海を名乗るようになる。

30歳　804

第一六次遣唐使で、念願の入唐を果たす。

同じ遣唐使には、のちに空海最大のライバルとなる最澄や、終生の友・橘《たちばなの》逸《はや》勢《なり》がいた。一度は入国拒否されるが、空海の請願書が認められて無事に入国。

「私は才能にとぼしい人間ですが、ただ留学僧として密教を学ぶ義務があるんです。どうか長安まで行かせてください」（空海）

天才空海とその時代

794　平安遷都。

797　坂上田村麻呂が征夷大将軍になる。

31歳

805

運命の師・恵果《けいか》との出会い。数ヵ月で密教の最高位、大阿闍梨《だいあじゃり》にまで上りつめる。

「私はあなたが来るのを知って、ずっと楽しみにしてたのですよ。今日は会えて本当にうれしい。すぐに灌頂の準備をしましょう」（恵果）

胎蔵灌頂《たいぞうかんじょう》、金剛界灌頂《こんごうかい》を相次いで授かり、さらに伝法灌頂《でんぽう》によって、恵果の後継者に大抜擢《ばってき》された。恵果はこの直後に没する。

「密教もサンスクリットも、瓶《びん》から瓶へうつすように、汝（空海）にはすべてを与えた」（恵果）

「この偉大な師は、仏法を広めることや民衆の救済に心血を注ぎました。師の足に触れ、礼を尽くして未知の教えを学んだのです」（空海）

32歳

806

留学をわずか二年で切り上げ、帰国の途につく。同行の橘逸勢も一緒に帰国することになり、請願書を代筆する。

35歳

809

最澄の弟子が空海を訪れ、密教経典《きょうてん》一二部の借覧を頼む。

805
最澄が唐より帰国。はじめて日本に密教が伝わる。

806
平城天皇即位。

809
嵯峨天皇即位。

38歳

812

日本初の結縁《けちえん》灌頂を最澄に授ける。

灌頂とは、入門を志すものが仏と縁を結ぶ儀式。当代の宗教家・最澄が頭を下げたことによって、空海のブランド力がぐっと増した。

「密教を学びたいのです。私を弟子にしてくれませんか？」（最澄）

「唐で学んだ真言の教法を、あなたにお教えしましょう！」（空海）

39歳

813

最澄からの『理趣《りしゅ》釈経《しゃくきょう》』借覧の求めを断る。この経典を、修行もせずに、文章だけで理解することは無理！ と厳しく諭《さと》した。

42歳

816

最澄の宗教観に異議あり。二人の関係が絶える。

「法華《ほっけ》一乗（天台宗）の教えと真言一乗の教えとの間に、優劣なんてつけられません」（最澄）

「天台宗は顕教《けんぎょう》ですが、真言宗は密教なんです。顕密を比べれば、密教のほうが優れているに決まってますよ」（空海）

43歳

817

高野山の開創に着手。

前年、修行道場として高野山を賜り、実恵たち弟子を派遣する。

810

薬子の乱。首謀者の藤原仲成は処刑、薬子は自殺。

47歳

821

故郷・讃岐で満濃池の修築工事。現場監督として活躍する。

49歳

823

東寺を給預《きゅうよ》される。

54歳

828

理想の学校、綜芸種智院《しゅげいしゅちいん》を創立する。

階級差に関係なく、庶民に開かれた日本初の学校を開校する。授業料無料、衣食も完全給費制だった。

「この学校を建てて、広く全国の子どもたちに学んでもらうのも良いことにちがいない」（空海）

61歳

835

空海、高野山で入定《にゅうじょう》。

没後もなお生きて修行中とされているため、僧の死をあらわす「入寂《にゅうじゃく》」ではなく、「入定」という言葉を使っている。

「私が死ぬのは、今年三月二一日、午前四時です」（空海）

没後

921

観賢《かんけん》僧正の働きかけにより、空海入定後八六年にして、醍醐《だいご》天皇より大師号「弘法大師」を賜る。

823 淳和天皇即位。

833 仁明天皇即位。

935 平将門・藤原純友の乱がはじまる。

Point 1 潜在能力を開発する先駆者

総合的な人間のレベルアップに挑んだ教育者

比較する天才

空海の最大の特徴は、**総合性**にあります。空海は日本における本格的な密教[*1]の創始者であり、日本にそれを導入し根づかせたことは偉大な業績です。しかし空海は仏教の一宗派を興《おこ》した、というだけでは言いつくせないビッグな人物です。

宗教をうち立てる人は、知的な素養よりも、直感的・感性的判断をベースにして、カリスマ性を持ち、権力闘争が得意でトップに立つというタイプの人が結構多いのです。

その後に続く人はカリスマの言ったことや行動などを勉強する学者タイプになりますが、他の宗派との差別化のために、自分のよって立つと

*1 密教
厳しく身を律して己の悟りを求める小乗仏教、世の中の人々の救いを求める大乗仏教からさらに発展し、世界・宇宙への哲学を持ち、身体を持ったまま仏になれると説く仏教のこと。その世界観は曼荼羅という図で表される。対して小乗・大乗仏教を顕教という。

ころにこだわりすぎ、知識やものの見方が狭《せま》くなってしまうという傾向があります。

しかし空海は非常にバランスがいいのです。空海はまずきちんと勉強するところからスタートします。**まず知性を鍛えに鍛え、日本だけではなく、当時最高レベルの東洋思想を研究し、それを自分の中にいったん吸収した**上で、真言密教という自分の世界を打ち立てました。

どれを学ぶべきかしっかり比較

まず空海は、幼い

頃から一流の儒学者《じゅがくしゃ》である母方のおじ・阿刀大足《あとのおおたり》に儒教教育を受けています。その後一五歳で入京し、石淵《いわぶち》の僧正に会い、仏教を学びます。一七歳の頃からは、当時日本に一校しかない官僚養成機関である大学に行って、エリート教育を受けます。大学では、主として漢籍《かんせき》を学んでいます。

つまり、はじめから仏教一筋《ひとすじ》ではなく、当時最高の思想と学問を学び、その上で仏教を選んだのです。

このあたりは、空海最初の著作とされている『三教指帰《さんごうしいき》』によく書かれています。中国の三大思想は、仏教[*2]・儒教[*3]・道教[*4]です。二四歳という若さで、空海は、その三大思想を比較検討して、仏教の優位性を証明しています。

空海は出発点から、**仏教を大きく捉《とら》え直すような知的な世界の広がり**を持っていました。これは仏教一筋の人にはなかなかできないことです。最初から比較宗教学的、比較文化人類学的な視点を持っていたのです。これはかなり冷静な知性がないとできません。大局的な批評眼を持

＊2　仏教
紀元前五世紀頃、インドでゴータマ・シッダールタが創始した宗教。

＊3　儒教
紀元前五世紀頃の思想家・孔子の思想。

＊4　道教
五世紀頃、中国で成立した宗教。老子・荘子の思想や民間信仰などがベースになっており、仙人になることを理想とする。

って各宗教を研究したわけです。

深い知識と広い視野から**冷静に比較検討し、もっともいいものを選ぶ**、という能力が空海は非常に優《すぐ》れていました。

大局観を持って「もっともいい道」を選ぶ

空海は、彼の身分としてはおそらく最高の出世コースである大学を辞《や》めて、官僚ではなく宗教家の道を選びます。当時の大学は日本に一校しかない官僚養成機関です。ここに入ることさえ困難な場所です。

しかし、空海は苦労して入った大学を辞めて僧になります。しかも、国家公務員のような、国に認められた僧ではなく、「私度僧」[*5]といって何の身分の保障もない僧です。実際、七年続いた私度僧としての修行時代には、**乞食《こじき》に憐《あわ》れまれるほどひどい姿**だったこともありました。

そんな民間の僧だった空海が、あらゆるコネクション[*6]を使って国の大事業である遣唐使のメンバーに潜《もぐ》り込み、世界最高レベルの仏教を学びに行きます。

＊5　**私度僧（しどそう）**　当時は僧になるためには国の許可が必要だった。私度僧はその許可を受けず、自分で僧になった者。

＊6　空海の実家は名流大伴氏に連なる佐伯氏で、伯父の阿刀大足は皇子の家庭教師をするなど中央とのつながりがあった。

しかもただ行くのではなく、中国でも数ある宗派の中から、当時**世界最先端であった密教**を選んでいます。しかも密教の正統継承者[*7]である恵果《けいか》という師匠につくのです。事前にインドの仏教を研究するのに必要なインドの言語である梵語（サンスクリット）を習得しておくなど準備万端整えて、最高の場所で密教を学びます。

仏教を選んだときも、密教を選んだときも、空海の視点は「より多くの人を救えるか」というところにありました。それは以後の人生選択にも表れています。

二〇年の留学期限を勝手に二年に縮めて帰国しますが、これはかなり危険な行動です。空海は国から罪を問われないために、「自分は最高レベルの仏教情報を持ち帰ったのだ」というプレゼンテーションを国家にして、逆に**自分の重要性を認めさせています。**

その後、国と結びつきを持って、東寺[*8]や高野山[*9]をもらって密教を日本で広めていくのも、「せっかく学んだ、多くの人にとって役立つ教えを、より多くの人に広めるために」という大局的な視点からの行動だといえ

＊7　正統継承者
密教では、大日如来（だいにちにょらい）から始まり恵果で七代目としている。空海を含めた八代を真言八祖（しんごんはっそ）という。

＊8　東寺
平安京を守るために建てられた大寺院。嵯峨天皇はこれを空海に下げ渡した。

＊9　高野山
現在の和歌山県にある山。もともと聖山であったが、ここも嵯峨天皇によって空海に下げ渡される。

ます。

すべてにおいて明確に目的と目標を設定し、そのための無駄《むだ》のない、しかし膨大な努力をする。

自分がこれまで得たことにこだわってしまうとこうはできません。

空海は大きな視野で、人生を選ぶときにきちんとものごとの本質を比較検討して優先順位をつけています。そして決心して実行するときには、失敗しないような現実的努力をしていったのです。

総合的に人間を開発する密教

一般に空海は「万能の天才」として知られています。語学の達人で、中国で当時最高の学問を学び、日本で密教を創始。思想家として大量の本を書き残しています。その量と独自性は今もって日本最高レベルです。

そして漢詩も一流、「弘法にも筆の誤り」[*10]ということわざになるくらいですから「書」も超一流です。この二つは本場中国の知識人をうならせています。さらに、庶民を助ける土木建築などにも才能を発揮しています。

---

*10 弘法にも筆の誤り　どんなに上手な人でも失敗することを表わす。

重要なのは、空海の一見バラバラに見える才能は、総合的な仏教である密教を本当に実践したことの表れだということです。

現代では、密教というとややマイナー感がありますが、じつは坐禅《ざぜん》も念仏《ねんぶつ》も密教の一部です。紀元前五世紀の釈迦《しゃか》の時代に始まった仏教は、インドや中国で思想的にさまざまに発展し、**密教という総合的な思想**になっていきます。

そして空海は日本人でありながらその**正統継承者**となりました。語学、書、漢詩などは仏教やそのほかの思想研究のために役立つことはもちろん、布教のためにも必要でした。

当時、国家と宗教は深く結びついていました。空海はその知性と教養をもって天皇をはじめとする国家に自分を認めさせ、自分の教えを広めるチャンスを得ていきます。

また、まったく畑違いに見える土木工事もじつは密教の実践の一つです。密教の修行の中にこうした社会事業があるのです。

空海は密教を文書で学ぶだけでなく、**身体を使った修行**を行って会得《えとく》

能力を大きく発揮させる方法を知る

することを求めました。**知性・身体両面からトレーニングして体験して、はじめて仏陀が開いた本来の意味の仏教、つまり悟りの境地へ行ける、**という考え方です。

その意味では、非常に現世《げんせ》（今生きている世界）を大事にしています。来世《らいせ》（死後の世界）で極楽や天国に行ける、ということではなく**現実の世界で今、生きている人間が仏の境地にまでレベルアップする**ためにはどうすればいいのかを考え、その方法をきちんと示しました。

ポイント3でくわしくやりますが、**現代の最先端脳科学**でわかってきたような**脳の開発法**をも含んだ修行方法を残しているのです。身体も含めた修行法で**潜在意識を最大限活用**し、人間の能力を最高度に発揮させる方法論を確立しています。まさに偉大な教育者、能力開発の先駆者といえるでしょう。

当時最高の情報をつめこんだ脳を持つ男

その時代ごとに、ある分野だけの専門家はそれなりにいますし、ある道を極《きわ》めた偉人もいます。剣道における宮本武蔵[11]や能の世阿弥、[12]茶道《さどう》の千利休[13]のような存在です。武蔵は、剣の道をつきつめた末に兵法書《ひょうほうしょ》とも悟りの書ともいえる『五輪書』を書いています。世阿弥も能を通じて卓越《たくえつ》した芸道論であり、哲学的な思索《しさく》である『風姿花伝』などを書いています。千利休は日本文化の一極北《いちきょくほく》ともいえる茶道を作り上げました。それはすばらしくレベルの高いものです。

しかし、**その時代すべてを包括《ほうかつ》する天才**となるとなかなかいません。世界でいえば、たとえばゲーテ[14]でしょうか。

これは空想ですが、科学技術で人間の脳を残すことができるとして、もし空海の脳を残しておけば、当時世界で手に入るすべての知識が活用可能な状態で収納されているはずです。

空海のライバルである最澄の脳を保存しておいても、空海ほどの幅広い知識は出てきたかどうか。最澄も仏教に関しては深い知識はありますが、儒教や道教について、あるいはインド哲学について、どれだけ語れたかとなると話は別です。

---

*11 **宮本武蔵**
二刀を使う二天一流を創始した江戸時代初期の兵法家。六十余の試合にすべて勝利。書や絵画にも才能を発揮した。

*12 **世阿弥（ぜあみ）**
室町時代に能を完成した役者・劇作家。

*13 **千利休（せんのりきゅう）**
安土・桃山時代の茶人。「侘茶」を大成した。

*14 **ゲーテ**
一八世紀～一九世紀ドイツで活躍した文学者。当時ワイマール公国の宰相となって政治でも活躍。代表作に『ファウスト』『若きウェルテルの悩み』など。

空海は、**世界のすべてを理解したいという広大な知識欲**を持って、非常にシステマティックにどん欲に勉強しています。

空海の時代、奈良時代から平安時代にかけての時代に、儒教、道教、仏教などが日本に入ってきたわけですが、空海はそれらすべてについて精通します。さらに、中国語から梵語まで学び、中国ではインドの思想・宗教についても学んでいます。

空海の持っていた世界の認識、学問体系が継承されなかったのが、日本にとっては非常な不幸でした。むしろその後の時代は後退していったとさえいえます。

その後の日本人でいうと新井白石[*15]、本居宣長[*16]、林羅山[*17]、福沢諭吉[*18]などもかなり秀才ですが、空海とはスケールが違います。

当時の世界の中心であった唐に留学して、恵果という超一流の名僧に直接密教を伝授されます。さらに多くの中国人、インド人の先輩たちを追い抜いて密教の正統継承者に抜擢《ばってき》されるのです。

恵果はひと目空海を見て、「われ先《さ》きより、汝《なんじ》の来れるを知り、相待《あいま》つ

---

*15 **新井白石**（あらい・はくせき）　江戸時代中期の学者、政治家。正徳の治と呼ばれる政策を行う。著作に『読史余論』など。

*16 **本居宣長**（もとおり・のりなが）　江戸時代後期の国学者。日本古来の美意識を発見。代表作に『古事記伝』など。

*17 **林羅山**（はやし・らざん）　江戸時代初期の儒学者。朱子学を信奉し徳川家康に重用される。

*18 **福沢諭吉**　幕末から明治にかけて活躍した思想家。教育の重要性を説き慶應義塾を開く。

こと久し。今日、相《あい》まみゆるは、大いに好《よ》し大いに好し」（渡辺照宏、宮坂宥勝『沙門空海』／ちくま学芸文庫）と、大喜びします。一流の人間は、誰が一流かを簡単に見抜きます。

二年で密教の真髄をスピード習得

恵果はその眼力で、空海が密教の本質を教えるに値する器かどうかを見抜いて、後継者にしたのです。空海は師・恵果の期待に応え、わずか二年で密教のエッセンスを吸収して日本へ帰るのです。

真の文武両道の達人は教育改革者

空海の天才性を示すのは、知識の幅広さだけではありません。**身体の厳しい修行が能力開発に役立つことを発見したところに、空海の実践者としての強さ**があります。

大学在学中に一人の沙門《しゃもん》に会って、虚空蔵求聞持法《こくうぞうぐもんじほう》*19という修行法を教えられ、大学に訣別《けつべつ》し、阿波《あわ》の太龍嶽《たいりゅうがだけ》や土佐《とさ》の室戸《むろと》崎、吉野金峯山《きんぶざん》、伊予《いよ》の石鎚山《いしづちやま》など、厳しい自然の中で、修行に明けくれしたといわれます。

実践者としての道を極めるという欲求と、すべての思想を自分の身に修《おさ》めるという知識人の欲求の二つの欲求を同時に強烈に持っていたことに、空海の特徴があります。これこそ**真の文武両道**です。

さらに空海のすごいところは、後に続く人のための教育も視野に入れていたことです。空海は**厳しい修行を実践し、自分自身が本当に悟るということを体験し、後に続く人たちがその道をきちんと通ってこられるように、**すべての学問体系、思想体系を作り上げました。

---

*19 **虚空求聞持法** 密教の修行法の一つで、ある言葉を一〇〇万回唱えると驚異的な記憶力が身に付くという方法。

空海は高野山を密教修行の場として、明確な教え・学びのシステムを作りあげますが、密教を学ぶ人のためだけではなく、多くの人に教育のチャンスを与えようとしました。こうした行動を起こしたのは日本では空海が初めてです。

庶民のための学校

仏教を学ぶ寺ではなく「学校」を作ったのです。

じつは、多くの宗派の創始者の中で、正規の大学教育を受けて仏教の創始者になったのは空海だけです。

「空海以前あるいは以後においても日

本の仏教史上で、正規の教育を受けて国家の最高学府に学んだ仏者といえば、空海ひとりあるのみである」（『沙門空海』）

そうした幅広い知識を学ぶ重要性を知る空海は、**教育改革**者でもありました。それまで日本では、儒教中心の学校しかありませんでした。しかし、空海は、儒教だけでなく仏教をあわせて教える総合的な綜芸種智院《しゅげいしゅちいん》という学校を建てました。しかも、それは初めて庶民にも門《もん》戸《こ》を広げたものだったのです。

この教育改革の根本には、幅広い真の知識人を育てたいという空海の夢があったのでしょう。

学べるポイント

① **比較検討して、正しく自分の目標を設定する**

② **知識と実体験の両輪で能力を高める**

③ **自分の見つけたいい方法を多くの人に役立たせる**

Point 2 日本文化の背骨をつくった男

空海の密教パワー

密教は知性と身体から総合的にアプローチする総合仏教

空海の真言密教は、インドから当時の唐に伝来した最新の仏教でした。

「大乗仏教の発展の最後の段階に現われたのがインド密教であった。したがってそれは大乗仏教の究極の形態を示すとともにインドの全仏教の綜合《そうごう》的な所産《しょさん》とみることができる。

このような七、八世紀のインド密教は金剛智《こんごうち》、不空《ふくう》、あるいは善無畏《ぜんむい》らによって中国に伝わり、それを恵果から直伝《じきでん》されたのが、空海であったわけである。

このように歴史的にみても、**総合的立場をとった普遍《ふへん》主義の密教**であるから、空海の密教も当然、あらゆる教えを包摂《ほうせつ》する。奈良の六宗*20はもちろん、最澄の天台宗*21、さらには阿弥陀《あみだ》信仰、法華《ほっけ》信仰まで取り入れ

*20 奈良の六宗
当時の日本仏教の六つの主流宗派。奈良を中心に栄えたことから南都六宗ともいわれる。

*21 天台宗
最澄が中国の天台山で受けた教えをもとに開いた密教。比叡山延暦寺を総本山として多くの僧を輩出した。

ていることは『性霊集』における諸文章にもはっきりと現われているところである。それはどのような教理にもとづくものであろうか。『空海は華厳の教主毘盧舎那仏《びるしゃなぶつ》と同じ名まえの教主（訳して大日如来《だいにちにょらい》という）による『大日経』の教えにより、あらゆる存在、あらゆる性質、あらゆる思考は絶対者毘盧舎那仏の特殊形態にほかならないことを悟った。これが真言宗である。（中略）

空海の十住心[*22]の体系にはすでにあらゆる思想が包含《ほうがん》されている。そののちにくる禅も念仏も題目もみなそのなかに表現されている。あとにくるものは空海の総合的体系の分裂、分化にほかならない』」（『沙門空海』）

生きる者が、本能的で原始的な動物のように朦朧《もうろう》とした、無知蒙昧《むちもうまい》な状態からだんだん発展していくというプロセスを書いたのが、『十住心論』という本です。空海はここで明確に人間の悟りへのプロセスを解明しています。

また、この本では仏教各宗派を比較し、順位づけをして密教が仏教のこれまでの流れをすべて含んだ最高のものであることも論証しています。

＊22 十住心（じゅうじゅうしん）動物のような状態から悟りの状態まで、人間の心の状態を一〇段階で表したもの。空海はさまざまな思想や仏教各宗派をこの一〇段階に位置づけした。もちろん最高は真言密教。最澄の天台宗は八番目。

密教には**三密**《さんみつ》という考え方があります。身密《しんみつ》・口密《くみつ》・意密《いみつ》の三つです。大日如来に帰依《きえ》するために、この三密を修行する宗教行為を三密行といいます。

みんな空海の弟子筋だ！

身密行とは、坐《ざ》禅《ぜん》瞑《めい》想《そう》して手に印を結んで修行をすることです。

口密行とは、口で真言《マントラ》という特殊な呪文《じゅもん》を唱え続ける修行です。

意密行とは、心を本尊と同じ悟りの境地に置くということで、これはそういうイメージを抱く、つまり**イメージトレーニング**です。

この三つをセットでやるのが密教の修行であり、この三密行の宗教的実践が「有相《うそう》」の三密といわれるものです。

それがさらに生活化されて日常の行為として展開されるようになると、「無相《むそう》」の三密といわれます。社会的実践は無相の三密行であり、空海の土木工事などは無相の三密行の実践といえるわけです。

日本文化の源は空海の密教

鎌倉時代には宗教的な天才が一時期にたくさん現れ、日本の特色が出た宗教がいくつも花開いたといわれています。

その代表が、**道元**[*23]、**栄西**[*24]、**親鸞**[*25]、**日蓮**[*26]などです。じつは、これらの諸宗派は、すでに空海の体系化した教えを細分化させたものだともいえるのです。

鎌倉仏教の創始者の多くは、空海のライバルといわれる、最澄が開いた比叡山延暦寺《ひえいざんえんりゃくじ》[*27]に学んでいるので、空海よりは最澄の弟子筋ともいえま

＊23 **道元**（どうげん）
鎌倉時代の僧。禅宗の一派である曹洞宗の開祖。著書『正法眼蔵』は日本仏教思想書の中でも優れたものとして有名。

＊24 **栄西**（えいさい）
鎌倉時代の僧。禅宗の一派である臨済宗の開祖。喫茶の習慣を日本に伝えたともいわれる。

＊25 **親鸞**（しんらん）
鎌倉時代の僧。浄土真宗の開祖。南無阿弥陀仏の念仏を唱えれば極楽往生できると説く。

＊26 **日蓮**（にちれん）
鎌倉時代の僧。日蓮宗の開祖。他宗攻撃・政治批判など過激な布教を展開。

＊27 **比叡山延暦寺**
最澄が開いた天台宗の中心寺院。ここで多くの僧が学んだ。

すが、その教えに注目してみると空海の影響の大きさが見えてきます。
坐禅瞑想《ざぜんめいそう》である身密を強調したのが、**只管打坐《しかんだざ》の禅を説《と》いた道元**です。言葉を唱える口密に徹したのが**専修念仏《せんじゅねんぶつ》を説いた法然**や**唱題成仏《しょうだいじょうぶつ》の日蓮**です。南無阿弥陀仏《なむあみだぶつ》と南無妙法蓮華経《なむみょうほうれんげきょう》と、唱える言葉は違いますが、どちらも唱え続けると救われるというように単純化しています。イメージトレーニングである意密によったところに親鸞があったといえます。親鸞は念仏すら口で唱える必要はなく、仏を心に思うだけでいい、とまで言っています。

つまり、**密教の三密という三本柱の中の一つを取り出して、それに徹して広まったのが、鎌倉仏教**だともいえるわけです。

浄土宗、浄土真宗、日蓮宗は現代でもメジャーな宗派です。

禅宗は鎌倉時代以降、武士の文化と結びつくことによって日本文化の中核をつくってきました。茶道や華道などは、禅の思想が大きく影響しています。

日本文化にとって、鎌倉仏教は重要なものですが、その基本は、三密という、空海の真言密教を、それぞれ一密に特化《とっか》して、発展させてきたものだといえます。

齋藤孝は空海の跡を知らずに継いでいた!?

真言密教は、あまりにも総合的なものだったので、一般受けしなかったともいえます。

多くの人は、「これだけやればいい」と言ってほしいのです。総合的な理解は難しいうえに、実生活が忙しく、いろいろやれと言われても、そんなにできない、と感じてしまいます。

空海のように勉強することはとてもできないし、あれほど総合的な修行もできません

鎌倉新仏教のように、「ただひたすら念仏をとなえていればいい」「座って坐禅だけしていたらいい」とシンプルに言ってくれると、とても楽です。そこで多くの人に広まったのです。

しかし、**物事を本当に深く理解する、人間の潜在能力すべてを開**

発するという意味では空海の示した方法はとても大事です。ポイントは、頭だけではなく、身体を使って学ぶところです。

私は**「声に出して読みたい」シリーズを書いてきたわけですが、これは、まさに「口密」**をすすめてきたようなものです。

また、私は**腰肚《こしはら》**文化を主張して、「腰を立てて丹田《たんでん》呼吸をする」といったことを方法化してきましたが、これは坐禅瞑想して手に印《いん》を結ぶという「身密」に通じています。

現実世界で人間のレベルを上げることが大切！

意密は、心を本尊と同じ悟りの状態に置くというのですから、そういうイメージを抱くことでしょう。これは、**脳が高速に回転**したときのような充実感に通じると思います。**自分の潜在能力が爆発的に活性化**したような状態です。

たとえば、スポーツ選手が非常に良い記録を出したときは、自分でも嘘《うそ》のように体が動いたと言います。しかも、そのときのことを克明《こくめい》に思い出せるそうです。

スピードスケートの清水宏保《ひろやす》選手*28は、私との対談の際に「あのとき、どういうふうに氷を蹴《け》ったのか」、滑っているときの一歩一歩を思い出せると言っていました。そのように記憶としては明晰《めいせき》ですが、やっているときには自分でないようにすべて上手《うま》く動くそうです。そうしたイメージは、意密に通じると思います。

それは、潜在的ないろんな力がフルに上手く活動した状態です。**密教には人間が持つ潜在能力を掘り起こすような力がある**のではないかと思います。

---

*28 清水宏保　一九九八年長野オリンピックで金メダル、銅メダル、〇二年ソルトレークシティオリンピックで銀メダルを獲得。対談は『齋藤スタイル 自分を活かす極意』（マガジンハウス）掲載。

私は意識せずに、空海の方法論を提唱、実践してきたともいえます。**音読や呼吸法などは、手軽にできる、空海を見習った脳活性法**といえるのではないでしょうか。

体験しなければ本物はわからない！

同じ密教創始者である最澄との交流と決裂は有名な話です。さまざまな理由があると思いますが、一つには、空海と最澄では「仏教を学ぶ」ことについての考え方の違いが大きかったと思います。

最澄は密教においては空海のほうが本格的だということがわかると、空海に教えを請《こ》います[*29]。最澄は、空海より年長で、当時すでに一流の僧として有名でした。しかし空海は無名の僧です。その彼に**弟子の礼をとる**というのはなかなかできることではありません。その点ではとても謙虚な人です。

ところが、空海に直接に会って教えを受ける機会をつくろうとしないで、文献を借り続けています。

*29 最澄は空海の弟子になる儀式を受けている。

最澄は、**「本を貸してくれればそれを読んで勉強をするから」**という態度です。身体を使う修行を大事にした空海からすれば、その最澄の態度が「違うもの」に思えたのは無理ありません。

これを剣の道にたとえてみましょう。宮本武蔵の『五輪書』を空海が持っているとします。空海は宮本武蔵に直接剣を学び、修行をして奥義《おうぎ》を会得していた。そこでようやく高野山に道場を開く剣の達人になりました。

そこに横から、比叡山流剣法の道場主である最澄が、「あれに良いことが書いてあるんでしょう？　同じ剣の道を極めようとしているのだから、頼むからその『五輪書』を貸してくれ」というような感じです。

空海にとっては、「本を読むだけでわかるなどと不遜《ふそん》なことを思うな」という感じだったのではないでしょうか。

最澄と最終的に決裂することになったのは、最澄が、空海に密教の中の大事な仏典である『理趣釈経《りしゅしゃくきょう》』を貸してくれと頼んだことがきっかけです。それまで空海は、最澄の頼みに応じて、教典を貸すだけでなく、最澄の弟子[30]を受け入れたりしています。

しかし、『理趣釈経』を貸すことはきっぱりと断ります。それによって、最澄とのそれまでの交流は断ち切られます。

奥義は修行しなければつかめない

「空海と最澄の文通を主とする交友は、大同四年（八〇九）に、まず最澄から空海にたいして密教経典をかしてほしいと願い出た手紙からはじまり、弘仁七年（八一六）に、空海が最澄にた

＊30　最澄の弟子　名は泰範。最澄の命令で空海に学んでいたが、最後には空海門下に入る。

いして経典の借用を拒否した手紙でほぼ終止符をうたれた、としてよいのではないか、と私は考えている」（『空海』上山春平／朝日新聞社）

本当のところは、身をもって修《おさ》めなければ、文章を読むだけでは最終的にはわからないと、空海は言っているのです。空海は手紙の中で、次のように激しいことを言っています。

「あなたは、ひたすら文献のみを手に入れようとしているが、密教では**『以心伝心』**が受法の正道である。**大切なのは心であって、文献ではない。**心にくらべると、文献はカスみたいなものだ。瓦礫《がれき》みたいなものだ。あなたがひたすらに文献を求める態度は、カスばかり求めて、本当に大切なエッセンスをすてかえりみない態度というほかはない」（『空海』）

仏教を一つの学問の体系としてみると、仏典という本を読んで勉強をすればよいということになります。しかし、仏教を「世界を悟る、人間存在を悟る基本原理」として捉《とら》えると、それだけでは足りないのです。

さらに強烈なことを空海は最澄に言っています。

「空海は言う。**最澄よ。あなたには、何が本当に大切か、を見ぬく眼**

力が欠けている。あの澄んだ涇水《けいすい》と濁った渭水《いすい》の識別さえもできないような眼力では、この醍醐《だいご》にも比すべき密教のすばらしさを見ぬくことはできまい。たといそれが見ぬけても、それを習得するには、まず実行が肝要だ。毒箭《どくや》が当ったときには、まずそれを抜くことが先決であるのと同じだ。

ところが、あなたは、毒箭を抜くまえに、毒箭がどこから飛んできたのかを問うように、空論に傾き、実行をおろそかにしている。あなたは、『海を酌《く》』み、『鎚《つち》を磨』するようなたくましい実行力が欠けている。それがなければ、困難な密教の修行など、断念された方がよろしい」(『空海』)

きつい言葉ですね。いかに空海が激しい憤《いきどお》りを抱いていたかがわかります。

最終的に最澄と決別したワケ

空海と最澄の大きな違いは、やはり密教に対する考え方の違いです。

最澄は、密教を自分が起こした宗派である天台宗の体系の中の一つとして位置づけていました。天台宗は、法華経[*31]を中心にして、達磨《だるま》系の禅など四つの柱がありますが、密教はその柱の一つだったのです。

対して空海の主張は、真言密教とは、特殊な修行形態を持った特殊な仏教であるが、先鋭《せんえい》的な一派をなしているのではなく、仏教が今まで培《つちか》ってきたいろいろな体系を全部飲み込んだものだ、ということです。

どちらも**相手を一部として位置づけようとする**のですから、仲良くなれるわけがありません。

空海には、多くの思想を学び研究し、すべてをわかった上でやっているという自信があったはずです。

自分のやっている真言密教こそが今までの仏教思想をすべてを取り込んだ包括的かつ本質的な仏教であるという確信があります。その確信のもとに、空海は国家と協力関係を持ち、教えを広めるために高野山金剛《こんごう》峯《ぶ》寺《じ》[*32]を開いたのです。

奈良時代の仏教は、鎮護国家《ちんごこっか》[*33]という国を守るための宗教です。法律を中心にした国家を作るということで、律令国家が中国に成立し、

---

*31 法華経
どんな人間でも成仏できることを説く大乗仏教の経典。

*32 高野山金剛峯寺
空海が朝廷に願い出て高野山（和歌山県）を賜り、金剛峯寺を開き、真言宗の聖地とした。

*33 鎮護国家
仏教の力で国を守るということ。

日本はそれを導入すると同時に、仏教もセットにしたのです。仏教は、国家の平安と繁栄を祈る国公認の宗教だったのです。それが南都仏教です。

密教は仏の教えの一部
最澄
空海
密教は仏の教えのすべて!
比叡山
高野山
二人の道は分かれていった

本来、仏教は国家とは縁のないものです。そもそも開祖のゴータマ・シッダールタは王家を出て、身分を捨てて、いろんな人の生き、苦しみ、死にゆく様《さま》を見て、まったく個として宇宙と向き合い、「この存在とは何なのか」「生命とは何なのか」と迷い、修行する中で、悟りを開いたわけです。

だから、本来であれば仏教は国を守るものではないのです。しかし、それが日本では、仏教伝来以来、鎮護国家の枠組みに組み入れられてしまいました。

そうした南都仏教に対して、平安仏教といわれるのが、最澄の天台宗と空海の真言宗です。

天台宗も真言宗も山岳《さんがく》で修行するという密教からスタートしており、天台宗は比叡山、真言宗は高雄山《たかおさん》の神護寺《じんごじ》や高野山というように、主要寺院は山岳に置かれています。いわば都市仏教に対して山林仏教といえます。

政治に対するスタンスも、政治に従属する仏教から、政治に一定の距離を置いて、政治からの不可侵《ふかしん》を守ろうとするものになります。もちろん時の権力の保護は必要なので、その面では協力して、国家を護持する活動もします。ただ国家とは喧嘩《けんか》はしないけれども、本質的には違うんだよという立場です。

さらには、それまでの南都仏教が、人が成仏できるかどうかは、人間の素質によるという「五性各別《ごしょうかくべつ》」を説いたのに対して、天台宗と真言宗の平安仏教は「一切皆成《いっさいかいじょう》」、すなわち素質や能力に関係なく、**すべての人間が成仏できる**という一乗主義を説きました。この点では、最澄も空海も一致していたのです。

大きな思考でいこう！

だから、最澄は、空海も自分と同じ立場ではないか、協力していけるのではないかと考えたのですが、空海は**密教か顕教**[＊34]かの違いを重視

＊34 顕教
空海の考えでは、大乗仏教の中にある天台宗は密教の一部でしかない。

して、厳しい態度を崩しません。結局、二人の交流は終わります。「空海の方は、真言は密教であり、天台は顕教であって、真言は天台よりもすぐれているのだから、両者は対等ではなく、天台の信奉者《しんぽうしゃ》は自らの立場を捨てて真言の立場に移るのでなければ真言の思想を身につけることはできない、と考えた」(『空海』)というわけです。

ともに新しい宗教を打ち立てながら、最終的に決別することになったのは、二人の間にこのような違いがあったからです。

空海は修行の道では**「似てはいるが違うもの」の危険性**をよく知っていたのでしょう。似て非なるものによっても一瞬は救いが見えることもあるでしょうが、真実の道へはたどり着きません。若い頃から幅広い学びをして、そこから選び取った密教への絶対の自信が見えるようです。

学べるポイント

① 真実は身体と心でつかみとる

② 専門バカにならず広い視野を持つ

③ 自分の信じる道については妥協をしない

Point 3 空海に学ぶ能力開発

身体から目覚める脳全開法

空海の方法論を継承する

私たちは空海の修行、学びの方法論を優れた能力開発法として学ぶことができます。

空海のやろうとしたことは、**自分で自分を最高度にコントロールしながら、しかも脳を高速回転させる**ということです。**快適かつ安定した集中状態を保つ**ことでした。

このように考えると、空海のめざした宗教は、積極的な宗教であって、静かに世界を見る、いわば悟りすましたものではありません。

来世に希望を持って、現世の苦しみに耐えるのではなく、**現世において、元気が出る、生きる力が出てくる宗教**ということができます。

空海は道教についても詳しく、陰と陽のエネルギーが混じり合うところに全世界があるというような思想も知っていました。

おそらく世界というものがエネルギーでできているということもわかっていたと思います。そのエネルギーを利用する方法の一つに**山林修行**があります。

本当に**自分の中の潜在能力をわき立たせるためには**、通常の生活空間とは異なる環境に身を置くことが効果的です。それが山林修行です。山林修行をすることによって、普段使わない感覚や認識力が目覚めてくるわけです。

お寺の中で本ばかり読んでいるようではダメなのです。それでは本当の潜在能力は爆発しない、すなわち悟れないということです。

空海が密教修行の場として、高野山のような山岳地を選んだのもそういう理由からでしょう。空海は山林修行のよさを体験的に知っていたのです。それは大学を辞《や》めて七年間山林修行に明け暮れた時代があったからです。

一人の沙門との出会い——真言を一〇〇万遍となえる

空海の転機は、大学に入ったときの、一人の沙門《しゃもん》（家を出て修行する人）との出会いにあります。このことについて、『三教指帰《さんごうしいき》』の序に書き残しています。上山春平氏がわかりやすい現代語に訳してくれているので、それを引用しておきましょう。

「私は、十五歳の年に、母方の叔父、阿刀大足について儒学を学んだ。この師を尊敬し、その教えによく従った。そして、十八歳になると、都の大学に入り、大いに勉学にはげんだ。

ところが、そのころ、ふとした機会に一人の沙門と知りあいになり、虚空蔵求聞持法《こくうぞうぐもんじほう》を教《おそ》わった。この行法の依り所にされている『虚空蔵菩薩能満諸願最勝心陀羅尼《だらに》求聞持法』という経典には、『もし、この経に示されている作法に従って、虚空蔵菩薩の真言を百万遍《ひゃくまんべん》となえれば、一切の経典を暗記することができる』といった意味のことが書いてある。

そこで、私は、仏典は釈尊のお言葉であるから、その言うところにいつわりはあるまいと信じて、それからというものは、寸時《すんじ》も怠らずに此の求聞持《ぐもんじ》の行法にはげみ、静寂の行場《ぎょうば》をもとめて、あるいは阿波《あわ》の大瀧岳《おおたきだけ》にのぼり、あるいは土佐《とさ》の室戸崎で修行をつづけたところ、その効験《こうげん》むなしからず、虚空蔵菩薩の応化《おうげ》とされる明星があらわれた」(『空海』)

エリートコースからの大転身

空海はもともと儒学を勉強していたのですが、仏教修行者に変わっていくわけです。そのときの大きな転機になったのが、この一人の沙門との出会いであったというのです。

空海がなぜこれほどに仏教に惹《ひ》かれてしまったのかと考え

てみると、二つ考えられます。

一つは、儒教のこの世を生きる倫理観、心の持ちようを説くことより、仏教のようなスケールの大きな世界観に惹かれたこと。

もう一つは、仏教の実践方法に惹《ひ》かれたということです。儒教には、礼儀作法というような実践方法はありますが、**身体の奥深くにまで至るトレーニング・メニューは確立されていません。世界の見え方が変わっていくような身体の修行法**はありません。

儒教と比較すると、道教の方がヨガ[*35]の伝統が流れ込んでいるので、気をめぐらす方法など身体の修行法があります。仏教には、そもそもゴータマ・シッダールタがひたすら坐り、呼吸法で悟ったという身体修行の伝統があります。

空海は一人の沙門との出会いによって、特別な修行法を教えられ、実際にそれをやってみたのです。そして、空海はすべての経典を暗記できるような超越的な能力を獲得したと考えられます。

＊35 ヨガ
インドで発達した呼吸法・瞑想法などによる能力開発法。

知情意体を使ったトータルな修行を極める

空海は、実際に阿波《あわ》の国（現在の徳島県）の山に登ったり、土佐（現在の高知県）の室戸崎まで行って、言語に絶する修行を重ね、瞑想し求聞持法を一〇〇万遍となえたのです。

沙門とはもともとはシャーマン*36のことです。シャーマンとは加持祈祷《かじきとう》をやる、超絶的な力を得ている存在です。ふつうの仏教の人は比較的静かに坐っていて悟る印象ですが、山林において厳しい修行をして、自然の霊力のようなものを身につけて、実際に加持祈祷を行って、ある種、神秘的な力を発揮するようなタイプがシャーマンです。空海は、そうしたシャーマン的能力の獲得をめざしてスタートしています。

仏教について、勉強の前に修行からスタートしています。空海は、その点では、**勉強好きである以上に修行好き**なのです。

しかも、その修行が勉強することとまったく矛盾しません。それどころか、その一〇〇万遍となえる修行によって、あらゆるものが暗記できるようになるというのですから、勉強も飛躍的に進むわけです。

＊36 シャーマン
神と交信できる能力を持つ者。

一般に修行に偏《かたよ》りすぎると、勉強をおろそかにする傾向があります。修行で感覚が鋭くなることに酔って、それだけが真実と思い込み、知性が鈍ってしまうのです。

世間から遮断《しゃだん》された閉じこもった世界で修行を重ねれば、空中浮揚《ふよう》もできるようになると信じた新興宗教などもありました。情報が遮断《しゃだん》され、マインドコントロールを受けると、自分の頭で考えることができなくなり、教祖の言うがままにサリンをばらまくということにもなりかねません。

やはり冷静な知性は必要なのです。

学問ばかりする人は身体のことがおろそかになる。身体ばかり鍛える人は、学問がおろそかになったりする。普通は、そんなふうに偏《かたよ》りやすいのですが、空海は偏らずに、しかもそれぞれの修行について、徹底して行い、すべてをバランスよく発達させて、すべてハイレベルに達したのです。

真理に近づくには身体を使った修行が必要！

虚空蔵の真言を一〇〇万遍となえて脳を開放

空海が最初に学んだ虚空蔵求聞持法は、**音読によって脳の潜在能力を引き出す方法**だと思います。

同じ短い経文を愚直に一〇〇万遍も繰り返しとなえるということは、少し頭の良い人には、なかなかできません。

虚空蔵の真言とは、「ナウボ　アキャシャギャラバヤ　オン　アリキャマリ　ボリ　ソワカ」という言葉です。日本語では何の意味かまったくわかりませんが、これはもともと梵語で、それを漢字で音写した「南牟　阿迦捨掲婆耶　淹　阿利　迦麻唎　慕唎　莎縛訶」を音読したものです。

原語では「ナウボ　アキャシャギャラバヤ」の部分が「虚空蔵に帰依《きえ》した て奉る」で、「オン　アリ　キャマリ　ボリ　ソワカ」が「花飾りをつけ、蓮華《れんげ》の冠をつけた人に幸いあれ」という意味だといわれます。

となえながら一〇〇万遍を数えるなど、どうすればいいのかと思いますが、数珠《じゅず》というのはうまくできていて、数えることができるようになっているそうです。

一日一万回となえるとしても、これは大変なことです。たぶん、一日七、八時間となえ続けなければ、一万回となえることはできないでしょう。ためしに、私がもっとも早口で「ナウボ……」と、となえてみたところ、一分間で二五回程度でした。ということは、一時間繰り返し続けて、千五百回、一万回となえるには、たしかに七時間弱かかることになります。

一〇〇万遍という

ナウボ アキャシャギャラバヤ
オンアリキャ マリボリ ソワカ!
(×1日1万回)
うわー
バタ
ぐー

虚空蔵求聞持法は音読による能力開発だ！

のですから、これを一〇〇回繰り返さなくてはいけないのですから、いかに大変なものか想像できます。そのほかの行《ぎょう》も含めて、一〇〇日続けなければ、行《ぎょう》が完成しないというのもわかります。

真言とは、密教でもろもろの仏、菩薩《ぼさつ》、諸天《しょてん》に呼びかけて祈り、あるいは儀式に効力を発揮するためにとなえる呪文《じゅもん》です。梵語の発音を漢字に音写して書いたりとなえたりするものです。

ですから、言葉自体には、それほど深い意味があるわけではありません。「ナムミョウホウレンゲキョウ（南無妙法蓮華経）」もそうですが、その言葉の文字通りの意味以上に、となえ続けることに意味があるのです。

呪文を、一〇〇回となえるのも大変です。それを一日一万回となえて、一〇〇万回まで続けるのです。「これによって何かが必ず開けてくる」という確信がなければできないことです。

音読を続けると脳が猛烈に働きはじめる

虚空蔵の真言を毎早朝、山に登ってとなえるという単純な行をしているうちに、精神が開けてくるということは実際にあると思います。

つまり、声に出して言い続けることによって脳が活性化します。声を出すたびに長く緩《ゆる》く息を吐くことになり、**丹田《たんでん》呼吸法**にもなります。

吸気よりも呼気を長くするのは、呼吸法の基本です。しかもリズム運動や歩くことは、セロトニン神経系[*37]を活発に働かせることも最近の研究によって明らかになっています。セロトニンは、精神の安定をもたらします。精神が安定すれば当然、頭もよく働きます。

しかも、世界のもっとも重要なことを言葉にして繰り返すので、集中を持続しないといけません。それによって、さらに脳に与える影響は大きいと考えられます。また、数を数えることも意識を集中させることに役立ちます。

音読で脳が活性化する

私は子どもたちに身体的な学習法を指導していますが、子どもは夢中になってやっていると、「何回やりなさい」と言っても、すぐに数えるの

＊37 セロトニン神経 脳内にある神経細胞。セロトニン神経が働くとセロトニンという脳内物質が分泌され、平常心となり心身がスムーズに活動できる状態となる。

を忘れてしまい、自分が何回やったのかがわからなくなってしまいます。ですから、たとえば足腰を鍛えるスクワットのような運動をする場合でも、みんなで一、二、三などと数えながらやらせます。数えていないと途中で回数がわからなくなって、適当なところでやめてしまうからです。

また、真言を繰り返しとなえるわけではありませんが、私は子どもたちと夏目漱石の『坊っちゃん』を音読で読破《どくは》するといったことをしています。私たち大人がやれば、ほぼ三、四時間くらいで読破《どくは》できます

子どもたちはそのままではゆっくりした速度でしか音読できないので、まず、私が日本語としてわかる範囲で、できるだけ速く音読して、それを復唱させます。ですから、がんばって猛スピードで音読しても、子どもと一緒にやると六時間近くかかります。

すると、三時間くらい続けたところで、すごく疲れてきます。しかし水は飲んでもあまり長くは休まずに続けます。すると最後の方になると、むしろ加速してきて脳が止まらないような状態になります。

さらにすごいのは、音読することで、話の筋も完璧に把握《はあく》してしまう

ことです。

たとえば、「赤シャツ[*38]とコンビを組んでいたのは誰でしょうか？」「マドンナ[*39]が最初に婚約していた人は誰でしょうか？」など、『坊っちゃん』を読んだ人でも覚えていない人も多いような細かい質問をしても、音読破《おんどくは》（音読して作品を読み切ること）した子どもたちは全部答えることができるのです。ちなみに赤シャツとコンビを組んでいたのは、野《の》太鼓《だいこ》で、マドンナと婚約していたのは、

音読することで脳が活性化！

*38　赤シャツ
『坊っちゃん』に登場する敵役。坊っちゃんが赴任した学校の教頭でいつも赤いシャツを着て気取っている。

*39　マドンナ
坊っちゃんの同僚で気が弱い「うらなり」君の婚約者。赤シャツのたくらみで転勤となったうらなり君を裏切って、赤シャツと結婚しようとする。

うらなり君ですね。

音読すると、そこまで脳が活性化しているのです。

空海の目指した宗教は現世を肯定した積極的なもの

密教は深刻なものであるよりも、むしろ世界を非常にポジティブに捉えるものです。この世を達観《たっかん》して静かに見るというのではなく、もっと積極的に味わうという要素を含んでいるものだと私は解釈しています。

真言宗に欠かせぬ経典として『理趣経』というものがあります。ところがこの経典は門外の人にとっては、ほとんど知られていません。

この『理趣経』の特質は、「悟《さと》りの境地を、消極的な『空《くう》』ではなく、それを乗りこえる積極的な『妙有《みょうゆう》』でもなく、現世に、『大楽《たいらく》』を実現するにある」（『空海』）という点です。

しかも、「その大楽のシンボルとして、男女の性的快楽が用いられた」（『空海』）というので、門外による曲解《きょっかい》を恐れて内容を秘密にして公開できなかったというのです。その内容を少し紹介すると、次のようなものです。

「男女の交わりの完全な恍惚境《こうこつきょう》、それは実に菩薩《ぼさつ》の境地である。
ひと目惚《ぼ》れの楽しい心地、それは実に菩薩の境地である。
愛撫《あいぶ》の悦《よろこ》び、それは実に菩薩の境地である。（中略）

男女が互いに触れ合って喜ぶ心、それは実に菩薩の境地である」（『空海』）

すごいですね。このように、性的快楽を悟りの境地として描き出している**大楽思想**というものがあります。このことが性的快楽にふけると悟りに通じるという

エネルギーをかき立てることも悟りへの道

解釈を生み、インド・チベット・中国などでさまざまな「左道《さどう》密教」といわれるものが出て、日本でも真言《しんごん》立川《たちかわ》流という宗派があります。

この教えは、間違って捉えると危険なので、『理趣経』やその注釈書である『理趣釈経』を、門外の者への公開を禁ずるようになったのです。

空海が最後に最澄に貸し出すことを断ったのは、この『理趣釈経』です。空海としては、伝法灌頂《でんぽうかんじょう》を受けない限りは『理趣経』を伝授するわけにはいかないと断ったわけです。

この『理趣経』と『般若心経《はんにゃしんぎょう》』を比較してみると、『般若心経』では「色即是空《しきそくぜくう》、空即是色《くうそくぜしき》」という言葉が有名です。この言葉は、物質的存在は無実体《むじったい》であり、無実体なるものが物質的存在であるという意味に解釈されています。すなわち、**いっさいの存在が「空《くう》」**であるということでしょう。

それは、この世には、幸も不幸も老いも死もない、すべてが空なのだ、空なものに囚《とら》われてはいけない、すべての囚われから心を切り離したところに悟りがあると解釈できます。

この世界観は、量子物理学[*40]など最先端の科学にも影響を与えているす

*40 量子物理学
二〇世紀になって提唱され、アインシュタインは否定的だったが現代では認められつつある。

ごいものです。またとても透徹《とうてつ》した世界観でいっそ心地いいところがあります。

しかし、現実に生活している私たちにとっては、少々消極的で空《むな》しいものにも映《うつ》ります。**「世界が空なのはいいけど、どう生きればいいの？」**ということです。

それに対して『理趣経』の世界観は、現世での大楽が悟りに結びつくという考え方です。そのためには、きちんとした修行法、思想体系が大事になってきます。

われわれが考える常識的な仏教観からすると、性的欲望を含めたすべての欲望を抑えた禁欲的な生活、修行をすることが、悟りの世界に近づくことだと思います。

しかし、空海の説く真言密教では、性的興奮をかき立てられた状態も、悟りの境地に近いと説きます。

密教の修行とは、ドーパミン*41のような快楽系の物質を分泌《ぶんぴつ》させながらも、一方でセトロニン神経系も働いていて心が安定して冷静であるという落ち

*41 ドーパミン
セロトニンと同様に脳の働きを司る脳内物質。ポジティブな意欲を促す。

着いた状態をつくり出すことにあるのではないかと思います。

脳と身体の感覚は非常に密接につながっています。それが修行形態としては、声を出して真言をとなえ続ける、あるいは性的快楽といったようなシンプルなことに威力があるということに結びつくのでしょう。

意識レベルを最高にするのが悟り

空海は、言葉と意識・心と身体を使って修行することで能力開発を徹底的に行いました。こうした修行をすることで目指したのが、即身成仏[*42]、つまり現実世界で生きながら仏の境地に至ることです。

じつは**脳がフルにその力を発揮できる状態自体が、人類が求める最高の状態、すなわち悟りの状態**ではないかと思います。

その悟りの状態は、静かに落ち着いてすべては空であるというように枯れていくのとは正反対に、**エネルギーに満ちあふれながら、同時に非常に冷静な状態**です。

快感興奮系のドーパミンや安定系のセロトニンだけでなく、不快系の

＊42　**即身成仏**
現世の人間がその肉体を持ったまま仏になれるという思想。密教以前では、人間が仏のレベルに行くには死という関門を超えねばならなかった。

ノルアドレナリン[*43]も出るかもしれません。そういうものもすべて含めて、脳の中で大変な集中作業が起こっている状態でしょう。

この意識レベルの状態は、宇宙の中で特殊で際《きわ》だった状態だと思います。宇宙は広大ですが、意識というものはほとんど存在しません。

認識力を高める方法論を空海から学ぼう！

たとえば地球上のものでも、石には意識はありません。植物に意識があるかといえば、ないとはいえないという程度でしょう。宇宙の中では、生命は稀《まれ》なもの

*43 ノルアドレナリン
セロトニンと同様に脳の働きを司る脳内物質。ストレスを感じると多く出る。

です。意識ともなると奇跡なのです。

感情があるとか、考えるというだけでなく、**自分という存在をとらえ返すような意識の回路**、すなわち自意識の回路を持っているとなると、チンパンジーはかなりあるらしいのですが、きちんとした意識のレベルまであるのは人間だけです。

しかし人間には逆に、意識レベルが澱《よど》んでいく方向もいくらでもあります。仏教の考え方、空海の『十住心論《じゅうじゅうしんろん》』もそうですが、人間でも、意識レベルがだんだん下がっていくと、獣《けもの》になり、魚になり、植物になり、石になってしまうといいます。

人間というのは、放っておけばどこまでも落ちていく危険性もまたあるものです。しかし、意識レベルが最高次に達したときには、世界に飲み込まれているのではなく、むしろ**世界全体を認識力において飲み込んでいるような状態**になれるのです。

私たちは空海の残してくれた修行法でその境地に近づけるのです。

学べるポイント

① 素直に開かれた心で学ぶ

② 心を開きながら冷静な知性を鍛える

③ 現実の世界を大切にしてそこで自分を高める

第4章

伝説が語る空海

ここに真の姿がある!?

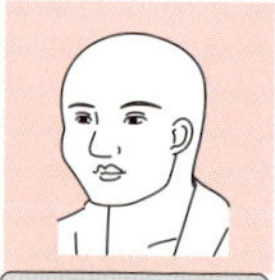

伝説①

子ども時代の奇跡
崖から飛び降りても無傷!?

多くの天才と同じように、空海にも生まれたときからその死まで、数多くの伝説的なエピソードが残っています。

たとえば空海が生まれたときは、母親の夢にインドの聖人が飛来して、彼女の体内に入ってきたそうです。このあたり聖徳太子を連想させますよね。じつは弘法大師の「大師《だいし》」と聖徳太子の「太子《たいし》」は、しばしば音《おん》のつながりを指摘されています。聖徳太子同様、空海も仏教のために生まれた人間という意味でつながっています。

弘法大師の幼名は真魚《まお》。物心ついたころから読み書きの才能をあらわしました。両親も〝貴《とうと》物《もの》〟と呼んで大切に育てました。近所の子どものように竹馬で遊んだりせず、泥土で固めた仏像をつくって拝んだりしていました。

あるときは近所を通りかかった勅使《ちょくし》（天皇の使い）が、馬を下りて真魚に深々とお辞儀《じぎ》をしました。というのも、お釈迦さまの守護神《しゅごしん》・四天王が、真魚を取り囲んでいるように見えたからなんです。**「あの子は神童《しんどう》に違いない！」**と、評判の子どもでした。

七歳になると、修行に励みはじめます。生家近くの我拝師山《がはいしざん》の岩壁をよじ登って、一心に祈りました。

「私は将来、身を捨ててでも人びとを救います。この願いがかなうなら、私の命を救ってください。かなわないのなら、この身を御仏《みほとけ》に捧げます！」

こう祈りながら谷底へ飛び降りたところ、どこからともなく天女が現れて、真魚の体を受けとめました。おかげで真魚にはかすり傷ひとつなし。しかもこれを三度繰り返したのですが、そのたびに天女がしっかりと受けとめたのでした。

大日如来

参考文献

『図解雑学　空海』頼富本宏監修／ナツメ社
『別冊太陽　高野山』井筒信隆監修／平凡社
『弘法大師行状絵詞　上』小松茂美編集・解説／中央公論社

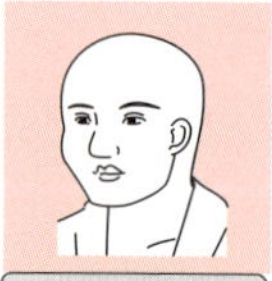

伝説②

修行中の奇跡

仏と一体、室戸崎の神秘体験!?

大学でエリートコースを歩んでいた空海の前に、ある日、ひとりの修行僧が現れます。この修行僧が空海に、山岳修行者たちの「虚空蔵求聞持法《こくうぞうぐもんじほう》」を教えたのです。

これはすべての経文を暗記したり理解することができる力で、当然、食事制限も含めた強靭《きょうじん》な肉体と精神力の持ち主でなければ修行が続きません。はじめは記憶力のアップが目的だった空海も、こうして密教のとりこになって大学を辞《や》めてしまいます。それからは、一心不乱になって修行にエネルギーを注ぎました。

空海が修行の場に選んだのは奈良、和歌山、そして生まれ故郷・四国です。このときはまだ私度僧《しどそう》というモグリの僧侶で、ボロボロのすさまじい格好《かっこう》のまま各地を転々としました。

つねに新たな修行の地を求めていた空海は、土佐の室戸崎にやってきます。ここは当時、漁師さえ近づかない辺境の地でした。

そんな場所で空海がいつものように虚空蔵菩薩《こくうぞうぼさつ》の真言《マントラ》をとなえていると、ある日の明け方、あたりが素晴らしい音声で満たされ、**明星、**つまり金星が空海に近づいてきたのです。明星は明るさとスピードを増して、ぐんぐん空海に近づき、あっという間に、**すっぽりと空海の口から体内へ入ってしまった！** 明星とは、虚空蔵菩薩の化身《けしん》なのです。このとき空海は、**仏と一体となるという神秘体験**をしたのでした。

このエピソードは、空海の第一著作として知られる『三教指帰《さんごうしいき》』から生まれたものです。こうした体験を経て、彼は僧侶として生きることを決心したのでした。

参考文献

『三教指帰ほか』福永光司訳／中央公論新社
『図解雑学　空海』頼富本宏監修／ナツメ社
『弘法大師行状絵詞　上』小松茂美編集・解説／中央公論社

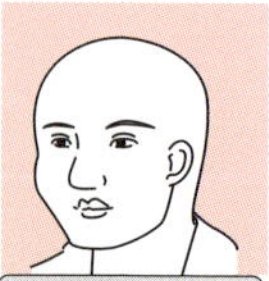

伝説③

留学中の奇跡
高野山へ飛んだ法具!?

留学僧《るがくそう》として遣唐使のメンバーとなった空海。

往路には、後に空海の最大のライバルとなる最澄や、終生の友人となる橘《たちばなの》逸勢《はやなり》がいました。空海の乗った船はかなり南へ流され、いったんは中国への上陸を拒《こば》まれたのですが、空海の渉外能力や語学力の才能を認めた現地の責任者によって、首都・長安目指して旅を進めることができました。

いっぽうの帰路。すでに中国全土に名を馳《は》せていた空海とはいえ、二〇年の留学期間を二年で切り上げる確信犯的な身の上です。留学中に修得した数々の業績の証拠として、膨大な量の経典や法具（仏教の儀式などに使う道具）など、密教の秘宝を日本へ持ち帰ろうと、周到に段取りしていました。

それらの品々を船に積み終え、ひとめ空海の帰国を見送ろうと海岸に集まった群衆を前に、空海は祈りました。

「日本のどこに真言密教の道場をつくればよいのでしょうか」。そして思いついたように、亡き師・恵果より託された金銅《こんどう》の三鈷杵《さんこしょ》を空高く投げたのです。

「三鈷よ、私より先に帰国して、真言密教の最適地へゆけ！」

三鈷杵は風に乗って雲のあいだに消えました。後年、空海はこのとき投げた三鈷杵を高野山で発見します。なんという奇跡！

この三鈷杵は重要文化財として今も残っています。本当に日本海を越えたのかはともかく、一二〇〇年も過去のものが存在することに大きなロマンを感じますよね。

三鈷杵を投げる空海（『弘法大師行状絵詞　上』小松茂美　編集・解説、中央公論社）より

参考文献

『図解雑学　空海』頼富本宏監修／ナツメ社

『別冊太陽　高野山』井筒信隆監修／平凡社

『弘法大師行状絵詞　上』小松茂美編集・解説／中央公論社

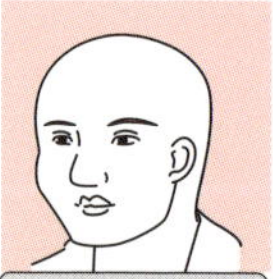

伝説④

留学中の奇跡
川にも書ける空海オリジナルの書!?

空海といえば、**嵯峨《さが》天皇**、**橘逸勢《たちばなのはやなり》**とともに**「三筆《さんぴつ》」**として知られています。

「弘法にも筆の誤り」ということわざが生まれるくらい、書道にすぐれていました。行書《ぎょうしょ》、楷書《かいしょ》、草書《そうしょ》などあらゆる書体をあやつったのですが、とくに得意なのは、かすれた筆致がユニークな飛白体《ひはくたい》。現在に伝わる空海直筆のこの文字を見ると、不思議な感動が伝わってきます。文章を送る相手や状況、一通の手紙の中でさえも書き分けるなど、さまざまな書体を駆使《くし》していました。いわば**「空海オリジナルの書」**を表現したのです。一つの芸に限っても、さまざまな方法や可能性をギリギリまで試して、ちょっとした達成感では満足しなかったのです。

そうした空海の個性は、当時の国際都市・唐の長安に留学したときも際《きわ》だっていました。中国の歴史の中でも最高の書家の王羲之《おうぎし》と並ぶ逸材《いつざい》として、唐の皇帝から直々に認められ、一度に五本の筆を使える**「五筆和尚《ごひつわじょう》」**と讃《たた》えられたのです。

そんな空海が長安を散歩していると、ひとりの子どもが現れ、「あなたが五筆和尚ですね。あの川の流れに字が書けますか？」と挑んできました。空海がさらっと川面《かわも》に詩を書いてみせると、向こうも負けずに「龍」と書きます。ところがその子が、「龍」に最後の点を加えると、たちまち轟音《ごうおん》と光が炸裂《さくれつ》して、本物の龍になった！　そして「わたしは文殊菩薩《もんじゅぼさつ》なのだ！」と言い残して、天高く昇っていきました。

空海の書は、仏様とも対等にわたりあえる神業《かみわざ》、**「神筆《しんぴつ》」**だったのです。

五本の筆を一度に使う五筆和尚

参考文献

『図解雑学　空海』頼富本宏監修／ナツメ社

『弘法大師行状絵詞　上』小松茂美編集・解説／中央公論社

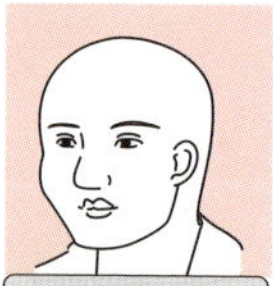

伝説⑤

隆盛期の奇跡

平安時代の環境ＮＧＯ!?

空海は各地を放浪した修行時代から地質学にくわしく、とくに薬学や寺院の建立に有益な水銀の産地については、深い関心を寄せていました。そればかりか、**空海が地面に杖《つえ》を突き刺すと温泉が湧《わ》いた、加持祈祷《かじきとう》で雨を降らせた**という伝説や逸話が少なくありません。

関西圏にまったく雨が降らず困っていたとき、淳和《じゅんな》天皇は西寺の守敏《しゅびん》と東寺の空海の二人に雨乞《あまご》いの修法《しゅほう》を命じました。

まず守敏が挑戦しましたが、少しだけ雨が降ったものの農業の役には立ちません。続く空海にいたっては、七日のあいだというもの一粒の雨も降らなかったのです。不思議に思った空海がそのわけを調べると、守敏が呪力で降雨の龍神を封じ込めていたからでした。それならばと、空海は一心に真言をとなえて、ヒマラヤの龍神・善女龍王《ぜんにょりゅうおう》を都に呼び出しました。そしてあらためて修法を行うと、にわかに大粒の雨が降り出し、三日間というものやむことがなかったのです。その後、**「雨乞いなら真言密教」**が定説となりました。

「空海と水」というテーマでもっとも知られているのは、故郷の満濃池《まんのういけ》修復工事です。

農業用のため池としては日本最大の池なのですが、しばしば大雨で堤防が決壊《けっかい》し、ひどい土砂災害で近隣の村々を苦しめていました。そこへ**「百姓《ひゃくせい》、恋慕《れんぼ》すること父母《ぶも》のごとし」**と言われた空海が派遣され、わずか三ヵ月で工事は完成したのです。

「お大師様に祈れば、きっと報いてくれる」という伝承が今も日本中に浸透しているのは、じつは空海が、実学《じつがく》に基づいた実績もしっかり残しているからこそです。

参考文献
『図解雑学　空海』頼富本宏監修／ナツメ社
『別冊太陽　高野山』井筒信隆監修／平凡社
『弘法大師行状絵詞　下』小松茂美編集・解説／中央公論社

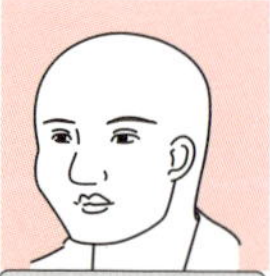

伝説⑥

入定《にゅうじょう》の奇跡

空海は死なない!?

八三五年（承和二年）三月一五日。死期を悟った空海は、高野山に弟子たちを集めました。「**私が死ぬのは、来週の二一日午前四時。**私が死んでも金剛界《こんごうかい》・胎蔵《たいぞう》の両曼荼羅《りょうまんだら》を信仰してほしい。五六億七千万年後に、弥勒菩薩《みろくぼさつ》のお供をしてきっとこの世に現れるから……」

一同にこのように告げてからは水を飲むことさえ拒むようになりました。そして予告したちょうどその日、結跏趺坐《けっかふざ》という瞑想したままの姿勢で亡くなったのです。満六一歳の生涯。**死期までぴたりと当てる予知能力**も、自分の身体能力を完璧に把握し、コントロールすることによって、はじめてなせる技《わざ》です。

亡骸《なきがら》は高野山・奥の院に運ばれましたが、じつは空海は今も生きているのです。僧侶《そうりょ》が亡くなることをふつう「入寂《にゅうじゃく》」といいますが、空海の場合に「入定《にゅうじょう》」というのは、そのためです。

事実、「生きている空海を見た！」という人はけっして少なくありません。

没後八〇年も経ってから、弟子筋にあたる東寺の観賢《かんけん》が醍醐《だいご》天皇に願い出て、空海のために「**弘法大師**《こうぼうだいし》」の諡号《しごう》を賜りました。さっそく高野山に登って報告しようと、奥の院の御廟《ごびょう》の石室を開いたところ、まるで**生きているかのように瞑想する空海の姿がそこにあった**のです。ヒゲも髪も伸び放題だったのできれいに剃《そ》り、汚れた法衣《ほうい》を着替えさせて石室を閉めました。

観賢は「お大師様の入定が疑われてはならない」と考えて、奥の院のまわりに石垣をめぐらし、封印してしまいました。従者のひとりだった石山寺の淳祐《しゅんにゅう》は、まだまだ修行が足りなかったせいか生身の大師に拝することができず、膝《ひざ》のあたりに触れただけでした。しかし一生涯その香りを失なうことがなかったのです。淳祐に残った匂いは、彼が経典を整理するたびにそちらへ移り、いつまでも消えることがありませんでした。

空海が入定した高野山・弘法大師御廟の風景

平安時代を代表する政治家・藤原道長もまた、空海の入定をその目で確かめたひとりです。つねづね弘法大師の姿をひとめ見てみたいと熱望していた道長は、旧知の仁海僧正に頼んで高野山に登りました。奥の院の前でひたすら平伏《へいふく》し、合掌《がっしょう》していると、なんと、**風に吹かれて廟所《びょうしょ》の扉が開き、朝日が差すような光とともに、弘法大師が現れた！** 向かうところ敵なしの栄華を誇っていた道長も、感激のあまり大泣きしたそうです。

死んだ後も次々と伝説が生まれ神話化されるのも、真に偉大な天才ならでは、です。

参考文献

『図解雑学　空海』頼富本宏監修／ナツメ社

『別冊太陽　高野山』井筒信隆監修／平凡社

『弘法大師行状絵詞　下』小松茂美編集・解説／中央公論社

第5章

お大師様は実際こんな人でした

エピソードでわかる空海

胎蔵界の大日如来を表す梵字

父
佐伯《さえきの》直《あたい》田《た》公《ぎみ》
讃岐国（香川県）の郡司

母
阿刀氏の娘

おじ
阿刀大足《あとのおおたり》
伊予親王の家庭教師を務めるほどのインテリ

儒教などを教える大学入学も斡旋《あっせん》？

空海の幼名
真《ま》魚《お》

得度《とくど》して空海を名乗る

氏名不詳の
ある修行僧
（真言の魅力を伝える）

真魚を大学からドロップアウトさせる

唐へ留学中に密教の免許皆伝

◆唐での交流

不空《ふくう》
（真言八祖の第六。金剛界密教を完成）

恵果
（真言八祖の第七。空海の師）

馬摠《ばそう》
（唐の役人、文人。空海と詩を交換する）

般若《はんにゃ》三蔵・牟尼室利《むにしり》三蔵
（インド出身の高僧。空海にサンスクリットを教える）

閻済美《えんさいび》
（副州の役人。空海の才能を認めて上陸を許可する）

◆比叡山・天台宗

最澄
（天台宗の開祖にして宿命のライバル。密教をめぐって対立）

泰範
（最澄の弟子から空海の許《もと》へ）

kukai relations >>>

天才空海人間模様

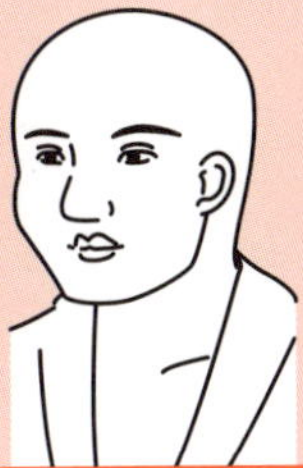

◆三筆
橘逸勢《たちばなのはやなり》
（遣唐使以来、空海の親友）
嵯峨天皇
（空海の最大の後援者）

終生の交友関係

◆貴族・文化人たち
藤原葛野《ふじわらのかどの》麻呂《まろ》
（第一六次遣唐使の大使）
藤原冬嗣《ふじわらのふゆつぐ》
（詩人で政治家。勧学院をつくる）
藤原三守《ふじわらのみもり》
（綜芸種智院のために私邸を空海に提供する）
淳和《じゅんな》天皇
（空海の理解者で、詩人としても知られる）
良岑安世《よしみねのやすよ》
（桓武天皇の皇子、『経国集』の撰者）

空海を援助

◆空海へのオマージュ

摂関家（〜平安末期）
藤原道長
（入定後の空海を見た?）
後鳥羽上皇
（高野山の西塔再建、東塔建立）
平清盛
（父・平忠盛に代わって伽藍《がらん》再建に尽力）

大名の帰依（〜江戸時代）
上杉謙信
（高野山参詣《さんけい》）
豊臣秀吉
（高野山の焼討を中止、金剛峯寺を建立）
徳川家
（家康以降、高野山蓮華院を菩提寺として指定し、高野山子院と檀家の関係に）

敬愛

宿命のライバル

恵果

終生の師も大絶賛
「生まれ変わって弟子になる」

空海は西明寺《さいみょうじ》の志明・談勝法師ら五、六人と一緒に同行して恵果和尚にお目にかかりました。

和尚はたちまちご覧になるや笑《え》みを含んで、喜んで申されました。「**私は前からそなたがこの地にこられているのを知って、長いこと待っていました。**今日会うことができて大変よろこばしいことです。本当によかった。私の寿命も尽きようとしているのに、法を授けて伝えさせる人がまだおりません。ただちに香花《こうげ》を支度して灌頂壇《かんじょうだん》に入るようにしなさい」と。

早速、西明寺の私院に帰り、灌頂のためにご供養する支度の法具を準備し、六月上旬に学法灌頂壇に入りました。この日、大悲胎蔵曼荼羅にのぞみ、法によって投花したところ、偶然にも中台八葉《ちゅうだいはちよう》のなかの毘盧遮那如来《びるしゃなにょらい》の仏身のうえに落ち着きました。恵果阿闍梨《あじゃり》は賛嘆して、「不思議なことだ、不思議なことだ」といわれ、再三賛嘆されました。（中略）

恵果和尚が私に次のように言いました。「（中略）今、ここに法を授けることができた。写経や造像の作業も終了したので、早く本国に帰って、この教えを国家に奉呈し、天下にひろめて、人びとの幸せを増すようにしなさい。そうすれば、国中平和で、万人の生きる喜びも深くなろう。（中略）そなたはさあ帰ってこの教えを東国（日本）に伝えなさい。一所懸命つとめなさい」（中略）「わたしとそなたとは久しい契《ちぎ》りと約束があって、密教を弘《ひろ》めることを誓い合ったので、**わたしは東国（日本）に生まれ変わって必ずそなたの弟子となろう**」と。

（「請来目録」『空海コレクション2』真保龍敞訳注／ちくま学芸文庫）

恵果《けいか》（七四六〜八〇五）

唐代の僧侶。真言密教八祖の第七で不空三蔵の弟子。青竜寺の門弟千人の中から、空海を後継者として大抜擢《ばってき》した直後に没。

最澄

ライバルであり先輩、そして弟子・最澄
「師匠、私に授法してください」

「春もはじめ（一月）なお寒く、遍照（空海）阿闍梨にはお変わりないでしょうか。近頃、弟子の最澄、お蔭《かげ》でつつがなく過ごしております。しかし、比叡山でのなすべきことが未だ終らず、参上して礼を尽くすことも、なお果さないままであります。ことさらに怠ってのことではないことを賢察《けんさつ》されて御寛恕《ごかんじょ》くだされば、甚《はなは》だ幸せです。わたくし、未だ拝謁《はいえつ》する機会を予測できませんが、しかし**受法の望みは増々つのるばかり**です。使者の大三が赴くのに託して、安否をお伺いいたします。（後略）」

「忝《かたじけな》くもお手紙をたまわり、約束通り、真言授法の旨を告げられ、歓《よろこ》ばしい限りであります。いまに変わらぬ御厚情を、こよなく嬉しく存じます。天台法華《てんだいほっけ》宗の年分度たる真言、天台の両業の相並んでの伝法に、日夜おも

いをはせています。いま、御高配《ごこうはい》をうけたまわって、この上なく心強くおもわれます。（中略）

ただしかし、真言と天台との両宗はともに融通《ゆうずう》し、事理《じり》の通ずる至高の境地もまた同じであります。まことに両者こころを一にして、ともに後継者の育成につとめなければなりません。どうして、自己の信奉する教法のみに執着したり、あるいはそれを憎悪するものがいましょうか。

『法華経』と『金光明最勝王経』との信奉は先の桓武帝の御誓願《ごせいがん》でもありました。しかも**法華一乗の教旨は真言の教えと何ら異なるものではありません。**（後略）」

（『空海と最澄の手紙』高木訷元／法蔵館）

最澄（七六七～八二二）
比叡山延暦寺で天台宗を開創。空海とは宿命のライバル。のちにこの二人は密教をめぐって対立することになります。

松本清張

稀有の才能と努力を持ちながら 「空海は直観力にすぐれていた」

『三教指帰《さんごうしいき》』のようなものが書けるだけでも、空海に文筆の才があったことがわかる。

だが、文才だけでは宗教世界での地位は得られない。大学を中退した以後十年間の空海は、おそらく社会の底辺を徘徊《はいかい》していたことであろう。空海がのちに民衆の心を獲得したのは、この時期に**底辺の人々と交わったのが効果としてあらわれた**のだと思う。（中略）

それが長安にきて西明寺に住み、青竜寺に行き恵果に遇《あ》った。そこで「密教」と出遇った。空海は、これだこれだ、と膝を打ったにちがいない。

（中略）

空海が恵果から受明灌頂を再三にうけて密教を伝授されたのが短時日《たんじじつ》だったことは、恵果の死が空海入門後一年であったことでも証《あか》される。空海のことで恵果についていた従来の弟子が不満をもち、その中の珍賀という者が師に不服を唱えたというのはいかにもありそうなことである。一年足らずして恵果にそれだけの期待をかけられた空海の才能は、これを疑うことができぬ。空海が大学を中退したのは、そこで教えられる儒学がつまらなかったからだという説があるが、それはともかく彼が**先見的な直観力にすぐれていた**ことはたしかである。（中略）

中国密教とは離れた真言密教を日本に創始し、現在に継続させている空海は、やはり**稀有《けう》の才能と努力の持主**だったといわなければならない。

（『密教の水源をみる　空海・中国・インド』松本清張／講談社文庫）

松本清張（一九〇九〜一九九二）

一九五三年「或る『小倉日記』伝」で芥川賞。社会派小説からノンフィクションまで、多彩な作品がブームとなりました。

空海を追いかけて

武者小路実篤

好きなんだなぁ「大空のごとく、大海のごとく」

弘法大師という名も自分は好きであり、親しみがある。弘法大師と口のなかで言ってみると尊敬すべき人間が頭に浮んでくる。だが空海という名も好きである。弘法大師も恐らく空海という名を自分で愛していたのだろうと思う。（中略）

彼は実際、大空の如《ごと》くまた大海のような男である。空はくうであろうが、そらとも通じている。名は体をあらわすという言葉があるが、空海はいい名である。彼にふさわしい名である。（中略）

彼は精神界における世界的万能選手である。レオナルドや、ゲーテを相手にしても、なかなか負けそうもない男なのである。

その万能なところ、孤独なところ、時代より遥《はる》かに進んだ点などレオナルドと共通し、その嵯峨天皇に対する態度、ふるまい、あらゆるものをと

り入れて自家薬籠中《じかやくろうちゅう》のものにし余裕のある点はゲーテを思わせる。（中略）

彼は形式を貴《たっと》び、儀式を貴び、仏典に悉《ことごと》く根拠を求めているように見える。そういう点で僕は彼と正反対の性格をもつが、しかし彼は彼である。**尊敬すべき男である。**彼に比肩《ひけん》すべき人物をさがせば、恐らく法然一人であろうが、しかし彼は法然よりは末世《まっせ》的でない。人間の努力を尊重し自力を軽んじない。彼は個人として万能選手である許《ばか》りでなく、すべての人の内にある本来の生命を尊重し、即身成仏《そくしんじょうぶつ》を本願にしていた。

（武者小路実篤作「空海について」『武者小路実篤全集』第九巻／小学館

※一部を現代表記にあらためた）

武者小路実篤（一八八五～一九七六）

一九一〇年、志賀直哉らと「白樺」を創刊。一九一八年には宮崎県で「新しき村」のユートピア運動を実践しました。

空海を追いかけて

司馬遼太郎

果てなく遠い「ほとんど超人の仕業」

しかし空海は実在した人物であり、かれの時代のどの人物よりも著作物が多く、さらには同時代と後世にあたえた影響の大きさということでいえば**彼ほどの人物は絶無《ぜつむ》**であるかもしれない。（中略）

かれは、日本文化のもっとも重要な部分をひとりで創設したのではないかと思えるほどにさまざまなことをした。思想上の作業としては日本思想史上の最初の著作ともいうべき『十住心論《じゅうじゅうしんろん》』その他を書き、また政治的には密教教団を形成し、芸術的には密教に必要な絵画、彫刻、建築からこまごまとした法具にいたるまでの制作、もしくは制作の指導、あるいは制作法についての儀軌《ぎき》をさだめるなどのことをおこなっただけでなく、他の分野にも手をのばした。たとえば庶民階級に対する最初の学校ともいうべき綜芸種智院《しゅげいしゅちいん》を京都に開設し、また詩や文章を作るための法則を論じた『文鏡秘府論』まで書き、これによって日本人が詩文に参加するための手引きをあたえ、その道に影響するところがあり、さらには『篆隷万象名義《てんれいばんしょうみょうぎ》』という日本における最初の字書もつくった。このほか、讃岐の満濃池《まんのういけ》を修築し、大和の益田池の工営に直接ではないにせよ参与《さんよ》した。多分に伝説であるところの「いろは」と五十音図の制作者であるという事実性のあいまいな事柄をふくめずとも、空海が帰朝後のみじかい歳月のなかでやった事は、**量といい質といい、ほとんど超人の仕業《しわざ》**といっていい。

（『空海の風景　上・下』司馬遼太郎／中公文庫）

司馬遼太郎（一九二三〜一九九六）

一九六〇年『梟の城』で直木賞受賞。〝司馬史観〞として確立された話題作を続々と発表しました。一九九三年に文化勲章受章。

湯川秀樹

万能的で体系的な思想を持った人 「今も変らぬ驚嘆の念」

彼の晩年の大著『十住心論』は、私のように仏教の素養の足りないものには極めて難解であるが、その構成だけからでも彼の世界の構造は、ある程度までわかる。（中略）空海自身にとっては、世界は縦と横の両方に向って、必然性をもって明確に構造づけられていたのであろう。（中略）空海はそれを世界の構造として、同時的に把握しようとした、といえるのではないだろうか。彼はすべてのものに、彼の世界の中で位置をあたえようとした。彼の時代の通念として、外的世界は、大ざっぱにいえば、日本と中国とインドの三国から成っていた。彼はそういう地理的環境の中で、一方では、できうる限り**国際的な人間であろうとしたと同時に、日本の土着的な信仰をも排除しようとしなかった。**（中略）

この同じ傾向は彼の宗教以外の多方面にわたる活動にも見られる。学問も教育も芸術も技術も社会事業も、彼の世界の外のものであってはならなかった。彼の才能が、私たちにとって、もっともわかりやすい形で具体化されている「書」の場合においても、彼はあらゆる書体を試み、それぞれにおいて成功している。（中略）

私自身もまた、彼とはだいぶ違った思想を持っている。しかし彼のように万能であると同時に体系的な思想を持った人が、平安時代初頭の日本に存在していたことに、**私は今も変らぬ驚嘆の念を抱いている**のである。

（『湯川秀樹著作集7』湯川秀樹／岩波書店）

湯川秀樹（一九〇七～一九八一）

中間子理論の功績により日本人初のノーベル賞を受賞。その後は反核・反戦運動にも尽くすなど、幅広く活躍しました。

即身成仏義《そくしんじょうぶつぎ》 (819年)

『空海コレクション２』頼富本宏訳注／ちくま学芸文庫所収

空海密教の根幹である三密（身・口・意）のうち、身密を解説しています。とくに最大のポイントが「即身成仏」。修行を実践するものが生きながらに仏であるという考えは、当時大きな衝撃を与えました。

秘《ひ》蔵《ぞう》宝《ほう》鑰《やく》 (830年)

『空海コレクション１』宮坂宥勝訳注／ちくま学芸文庫所収

空海密教の集大成として書かれた『十住心論《じゅうじゅうしんろん》』の要約版。儒教、道教、バラモン教など諸宗派を発達段階に応じて、ランク付けしたものです。日本初の宗教史、思想史としても貴重な意味を持っています。

宮坂宥勝監修
『空海コレクション』
1～2
ちくま学芸文庫

福永光司訳
『三教指帰ほか』
中公クラシックス

少し難しそうな空海の教えや思想にふれてみたい方へ
手軽で読みやすい文庫、新書からチョイスしました。

Kukai books >>>

三《さん》教《ごう》指《しい》帰《き》 (797年)　＊「聾瞽指帰《ろうこしいき》」改題

『三教指帰ほか』福永光司訳／中公クラシックス所収

空海の第一著作。儒教、道教、仏教、三つの教えの優劣を対話形式で比較した戯曲です。なぜ空海がエリートコースを捨てて、仏道修行の道を選んだのか。青春時代の思索のあとが見てとれます。

請《しょう》来《らい》目《もく》録《ろく》 (806年)

『空海コレクション２』真保龍敞訳注／ちくま学芸文庫所収

20年の留学期間を2年で終えた空海が、日本へもたらしたお経や仏具などの目録と帰国報告書。師・恵果との出会いから帰国までが詳細に書かれていて、密教の後継者として受法するシーンは圧巻です。

弁顕密二教論《べんけんみつにきょうろん》 (816年頃)

『空海コレクション１』頼富本宏訳注／ちくま学芸文庫所収

空海が密教を体系化するにあたって、密教とそれ以外の宗教（顕教）とを比較して、密教の優位を説いたのが本書です。数々の経典からの引用も多く、真言密教の本質がくっきりと浮かびあがります。

原典で読む空海

天才をもっとよく知るために

『空海と密教――「情報」と「癒し」の扉をひらく』
頼富本宏
PHP新書

「情報」「癒し」という２つのキーワードで現代の視点から読み返した入門書。

『空海のことばと芸術』
真鍋俊照
NHKライブラリー

空海の生涯をたどりつつ、彼の美意識や密教芸術をコンパクトに紹介する一冊。

『新版　空海の夢』
松岡正剛
春秋社

現代思想や生命科学から空海を捉えた異色の書。空海を人類史に位置づけます。

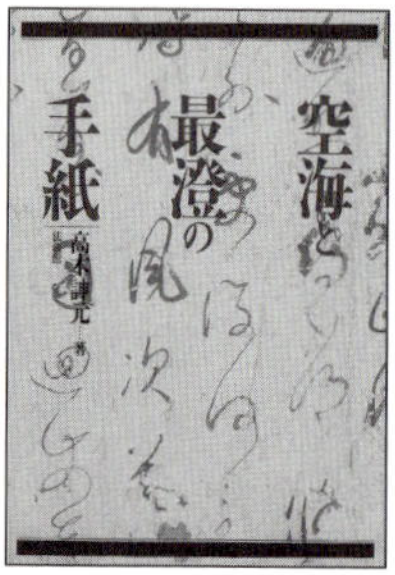

『空海と最澄の手紙』
高木訷元
法蔵館

ライバル・最澄との往復書簡を中心に集成。この時代の貴重なドキュメントです。

『図解雑学　空海』
頼富本宏監修
ナツメ社

入門書に最適。空海の業績が写真やイラストでわかりやすく解説されています。

『空海』
三田誠広
作品社

幼少時代より、恵果和尚から密教を受法するまでの青年時代を描いた長編小説です。

RELATED books >>>

『沙門空海』
渡辺照宏
宮坂宥勝
ちくま学芸文庫

それまでの空海の伝記を塗りかえた画期的な評伝。空海を知るにはまず本書から。

『空海——
生涯と思想』
宮坂宥勝
ちくま学芸文庫

空海研究の第一人者による入門書。仏教史、文化史など、多彩な側面に迫ります。

『空海——
真言宗をひろめた名僧』
永原慶二監修
庄司としお漫画
集英社・学習漫画

弘法大師の生涯をマンガ化。資料や解説も充実しているので、初心者にもぴったり。

『空海の風景』上・下
司馬遼太郎
中公文庫

構想十余年、司馬文学の傑作。人間空海の実像を描き、空海ブームを生みました。

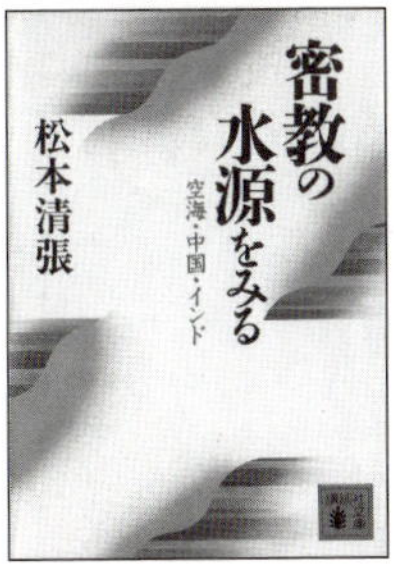

『密教の水源をみる——
空海・中国・インド』
松本清張
講談社文庫

空海入唐と密教の謎を追い求めた中国・インド紀行。清張ならではの空海論。

『空海』
上山春平
朝日選書

天才の生涯から神話をぬぐい去り、実証的に構成した「空海伝」のスタンダード。

空海を深める12冊

天才をもっとよく知るために

参考・引用文献

「原典で読む空海」「空海を深める12冊」に加えて
『空海の思想について』（梅原猛／講談社学術文庫）
『平安のマルチ文化人 空海』（頼富本宏／NHKライブラリー）
『ルポ空海』（佐藤健・滝雄一写真／佼正出版社）
『弘法大師行状絵詞 上下――続日本の絵巻』（小松茂美編集・解説／中央公論社）
『別冊太陽 高野山――弘法大師空海の聖山』（井筒信隆監修／平凡社）
『弘法大師空海伝』（加藤精一／春秋社）
『人はどう生きたらいいのか――空海の名言集』（寺林峻／フォー・ユー）
『弘法大師空海読本』（本田不二雄／原書房）
『弘法大師空海のことば』（大栗道榮／鈴木出版）
『空海――いずれも仏ならざるはなし』（金岡秀友／廣済堂出版）

齋藤 孝

1960年静岡県に生まれる。東京大学法学部卒業。同大学院教育学研究科博士課程を経て、明治大学文学部教授。専攻は教育学・身体論・コミュニケーション論。「斎藤メソッド」という私塾で独自の教育法を実践。主な著書に『身体感覚を取り戻す』（ＮＨＫブックス）、『声に出して読みたい日本語』（草思社）、『読書力』『コミュニケーション力』（岩波新書）、『質問力』『段取り力』（筑摩書房）、『天才の読み方――究極の元気術』『自己プロデュース力』『原稿用紙10枚を書く力』『人を10分ひきつける話す力』、美輪明宏との共著に『人生讃歌』（以上、大和書房）『いますぐ書けちゃう作文力』（どりむ社）など多数。

齋藤《さいとう》孝《たかし》の天才伝《てんさいでん》4

空《くう》海《かい》

人間《にんげん》の能力《のうりょく》を最高《さいこう》に開花《かいか》させる「マンダラ力《りょく》」

2006年7月10日　第1刷発行
2015年4月 5 日　第2刷発行

著　者　齋藤《さいとう》 孝《たかし》

発行者　佐藤 靖

発行所　大和《だいわ》書房
東京都文京区関口1-33-4　〒112-0014

電　話　03(3203)4511

印刷所　歩プロセス

製本所　ナショナル製本

装　丁　　穴田淳子（ア・モール・デザインルーム）

装　画　　しりあがり寿

本文イラスト　イラ姫　市川美里（マイルストーンデザイン）

編集協力　　荒井敏由紀
どりむ社

図版協力　宣真高等学校

ISBN978-4-479-79166-9

乱丁・落丁本はお取替えいたします。

http://www.daiwashobo.co.jp

これでわかった！
「齋藤 孝の天才伝」シリーズ
齋藤 孝が天才の秘密を読み解く！

好評既刊

ユング――こころの秘密を探る「ヴィジョン力」

心の世界を切り開いた知のカリスマのこだわり人生！　ユングの人間像から思想までを、
独自の切り口と豊富なビジュアルでわかりやすく読み解く絶好の入門書。定価（本体1400円＋税）

サン＝テグジュペリ――大切なことを忘れない「少年力」

『星の王子さま』を生んだ、空飛ぶ詩人のロマンティック人生！　死と隣り合わせに生き、

「人間にとって一番大切なこと」を追求した天才の秘密を独自の視点で語る。定価（本体1400円＋税）

ピカソ――創造のエネルギーをかきたてる「未完成力」

絵画の歴史を変えた、創造と破壊の達人のパワフル人生！　ピカソはその驚異のスタイル革命力はどこから得たのか？

彼の人生から絵の捉え方まで、すべてがわかる一冊。定価（本体1400円＋税）